PSYCHIATRIE GÉRIATRIQUE

J. Richard

Psychiatrie gériatrique

Esquisse d'une histoire médicale
par l'élaboration de son langage

MARDAGA

2001 Pierre Mardaga éditeur
Hayen, 11 - B-4140 Sprimont (Belgique)
D. 2001-0024-11

A Henri PEQUIGNOT, qui, parmi les premiers, sut si bien ouvrir, aménager et défendre l'espace de la gérontologie médicale.

« ... On dit que les mots sont ce qu'en font les hommes. Mais les hommes sont aussi ce qu'en font les mots. »

Marcel MOREAU
La vie de Jéju, Actes Sud.

Avant-propos

Comme le relève Ch.-O.Carbonell (1995), l'histoire profonde, celle des changements, se moque de la chronologie fine. Elle s'inclut dans le courant qui «transforme, sous nos yeux, son écriture, ses sources lointaines et multiples et ses affluents aux confluences tardives». Il est des circonstances où, pour comprendre le présent, il faut interroger le passé. Il en est d'autres où, pour prévoir le futur, il faut interroger le présent. C'est bien le cas de la psychiatrie gériatrique, discipline médicale mise, il y a une quarantaine d'années, sous les projecteurs d'une actualité dans laquelle dire et faire l'histoire se sont constamment côtoyés et où le temps court de l'événement semblait céder le pas au tempo plus lent de la métamorphose et de la conversion.

Nous avons ainsi choisi de mettre en valeur la mutation qui s'est produite en ce dernier domaine en tentant de suivre la montée surprenante d'une nouvelle mise en mots des attributs de l'action qui y était menée par l'appel à une sémantique qui rendait mieux compte de l'évolution qui s'y produisait. La mutation dont nous voulons faire état procède d'une histoire que nous avons personnellement vécue dans notre activité professionnelle. Comme d'autres, nous y avons été, à notre niveau, profondément impliqué et avons voulu essayer, autant que cela nous était possible, d'en contrôler le cours. C'est ce qui en authentifie l'originalité.

Alors que s'ouvraient progressivement en psychiatrie gériatrique des champs d'investigation jusqu'à ce moment inconnus, les données, dont nous disposions dans notre pratique, se sont manifestement amplifiées.

C'est ce qui nous conduit maintenant à investiguer, dans une première approche, quelques-uns des principaux domaines de réflexion dans lesquels le sens des mots témoigne de cette histoire.

Ici, nous nous sommes d'abord arrêtés sur divers obstacles liés à la manière de décrypter et de décrire les éléments fondamentaux de l'observation géropsychiatrique. Nous avons ensuite cherché à clarifier les concepts majeurs de vieillissement et de vieillesse. Le socle de la pathologie mentale de l'âge nous a alors permis de justifier les options du psychiatre de l'âge vis-à-vis de la psychologie pathologique, de la psychopathologie, de la pathopsychologie et de la polypathologie.

L'identification de la psychiatrie gériatrique à partir de modèles dont la nature est précisée et à travers les pressions exercées par d'autres disciplines médicales nous a amené à en reprendre les objectifs et à préciser la stratégie à laquelle cette discipline a dû recourir et s'astreindre. De là, l'émergence des professions de santé a porté l'interrogation sur le désemboîtement des structures de soins et sur la nouvelle maîtrise de la conduite de soins dans une révision des théories qui enchaînent les disciplines entre elles. Ont alors été touchés plusieurs problèmes concernant la pratique de la psychiatrie gériatrique dont ceux du fonctionnement capacitaire de l'âgé malade, de la gestion thérapeutique du temps, de l'urgence, de l'action et de l'acte psychothérapeutique. Enfin, la pesée sur le vocabulaire soignant des interventions administratives, juridiques et politiques a été évaluée. Elle précède un bref survol de la géragogie et de la pédagogie médicale en psychiatrie gériatrique.

Il n'en reste pas moins qu'au-delà des mots, se glisse le plus souvent de façon spontanée, à la lecture comme à l'écriture, un «surplus» de sens dans lequel se dévoile et s'inscrit, hors de tout effet de transduction, le dynamisme propre de la connaissance humaine. De ce surplus, nous sommes tous bénéficiaires. Il participe de notre progrès.

Il est aussi certain que, dans la présentation des données retenues, des zones d'ombres ou de grisés ont pu incidemment se mêler à des endroits d'explication plus clairs et précis. Elles témoignent, selon J.-C. Sournia (1969), d'une inquiétude qui, chez l'être humain, est d'autant plus forte actuellement «qu'il se passionne pour sa science et reste toujours aussi ignorant de lui-même». Elles signent une subjectivité dont nous nous sommes efforcés, sans toutefois y parvenir complétement, de contrôler l'intrusion pour en faire ressortir ce qui est le plus généralisable.

Nous tenons ici à remercier particulièrement tous ceux qui, par leurs expériences, leurs écrits et leurs enseignements, ont, dans des lieux divers, marqué cette histoire de leur empreinte et se sont révélés pour nous des maîtres en la matière. Notre gratitude va également à tous les collègues, confrères ou collaborateurs avec lesquels nous avons eu la chance et le bonheur de vivre cette période si enrichissante de la psychiatrie gériatrique. Elle s'adresse tout spécialement à notre ami Philippe Bovier, Chargé de Cours à la Faculté de Médecine de Genève, qui a bien voulu nous donner son avis critique sur cet aspect d'une histoire qu'il connaît bien, et à Madame Geneviève Nicoud, Bibliothécaire-Chef des Hôpitaux Universitaires de Genève à Belle-Idée qui, une fois encore, a si obligeamment accepté de reviser la bibliographie.

A notre manière, nous espérons ainsi apporter notre contribution à l'édification d'un savoir utile et bénéfique aux âgés dont notre devenir ne peut que nous tenir solidaires.

Introduction

A. La psychiatrie gériatrique est une discipline médicale jeune dans sa pratique, mais ancienne dans son savoir, puisque des constituants essentiels en étaient déjà connus au XIXe siècle. Son véritable essor ne date toutefois que d'une quarantaine d'années. Elle a alors, à propos du vieillissement, de la vieillesse et du vieux, souscrit à un changement radical des mentalités sur la philosophie et les modalités de la thérapeutique à proposer à la personne âgée. Il était donc important de tenter, autant que cela était possible, de commencer à en instruire l'histoire ou du moins d'y prendre part en mettant en relief, dès maintenant, les traits que nous y croyons essentiels.

Constituée d'une suite chronologique d'événements ou de témoignages qui peuvent être plus ou moins fidèlement rapportés, l'inscription de cette histoire dans un récit ne se fait pas sans une série d'interprétations qui essaient, au-delà des faits vécus, non seulement d'en découvrir la nature profonde, mais encore d'en extraire le sens, d'en prédire l'orientation et d'en contrôler l'évolution. Cette histoire est donc aussi bien la chronique d'événements que les événements eux-mêmes. Elle se réalise par le souvenir, la narration, la transposition, la structuration et la gestion.

Quoiqu'il en soit, tout événement humain n'est pas historique du seul fait qu'il a existé et qu'il s'est accompli dans le temps. Il l'est surtout par le contexte dans lequel s'insère sa trajectoire et les liens qu'elle établit à son propos. Car c'est ainsi qu'il est acceptable d'en saisir la portée et de mieux servir dans l'avenir ceux qui vivront une expérience proche ou analogue.

B. L'histoire peut rendre compte des progrès qui ont été obtenus en médecine grâce à la psychiatrie gériatrique. Elle peut souligner les conséquences qu'ils laissent entrevoir pour le futur. Mais, vu les circonstances de leur émergence, elle ne peut se réaliser que dans une démarche qui a pour particularités de ne viser que le présent. C'est celle de l'*histoire immédiate* ou *histoire de l'instant* que défend, entre autres, J-F. Soulet (1994). Comme il le rappelle, elle peut être considérée comme la partie terminale d'une *histoire contemporaine*. Elle a deux caractéristiques principales, celle, d'une part, d'englober aussi bien le temps très actuel que celui des trois dernières décennies et celle, d'autre part, d'avoir été directement vécue par ceux qui en font état ou qui en ont été les témoins principaux.

Parmi les méthodes qui permettent d'accéder à cette histoire immédiate, il nous a semblé que son dessein notionnel était particulièrement bien représenté en psychiatrie gériatrique. Elle l'était par les modifications successives de la terminologie utilisée pour affiner l'action thérapeutique recherchée, la mieux théoriser et la rendre ainsi toujours plus efficient. C'est pourquoi nous nous sommes attachés à en illustrer sous cette forme la perspective originale, car la signification des concepts utilisés qui atteste de cette historicité est essentiellement connotée, ainsi que le souligne G. Deshaies (1967), par la valeur des mots et des définitions. Il s'agit de retrouver à travers les mots une réalité historique.

Il est évident que ce n'est pas l'histoire présente du langage médical qui retiendra notre intérêt ici, mais celle d'une discipline médicale par le biais des modifications du langage qui en ont accompagné et en accompagnent quotidiennement le devenir. J. Chaurand (1996) a ainsi raison d'écrire à propos de l'histoire de la langue française qu'« une langue se caractérise par un ensemble de traits phonétiques et morphologiques fondamentaux dont la solidarité à l'intérieur d'un système est une garantie contre les bouleversements qui seraient à la fois profonds et brutaux » et que « c'est dans ce sens que l'histoire d'une langue a un objet propre, qu'elle ne se confond pas avec l'histoire du peuple qui la parle ou avec telle ou telle des composantes de celle-ci ».

C. La terminologie psychiatrique qui valide par ailleurs, s'il en était besoin, la constatation plus générale d'un accroissement considérable du vocabulaire scientifique et spécialisé dans les ajouts de mots et de sens, est certes très hétérogène. Elle emploie tout d'abord des mots de la langue vernaculaire ou véhiculaire en préservant fréquemment une façon concrète de décrire une situation morbide vécue qui devient alors plus difficile à analyser. De ce fait, elle peut contribuer à confondre des états et des situations qui ne sont pas identiques. La vraie difficulté naît de l'utilisation scientifique des termes de ce langage courant, car la méprise entre ce dernier et le langage proprement scientifique y devient inévitable.

En médecine, c'est encore sur un même noyau constitutif qualifié de somatique ou de psychique que s'appuie la conceptualisation en vigueur. La psychiatrie y bénéficie aussi d'un apport inconstant, mais durable, de la philosophie et de la psychologie qui s'en est détachée secondairement. Elle a d'ailleurs rarement amélioré ce qu'elle avait emprunté. Bien que leur origine ne soit pas toujours aussi légitime, elle a eu recours à des néologismes pour renommer ce qui l'était mal ou nommer ce qui ne l'était pas. L'évolution de cette terminologie est aussi devenue plus technique en se libérant d'expressions trop littéraires, allégoriques, amphibologiques ou amphigouriques. Elle a tenté de réduire le pléonasme, l'à peu près, l'inexactitude, l'illogisme du contre-sens et du non-sens, ainsi que la transposition analogique. Ce dernier type de rapprochement pourrait être intéressant si la similarité du mot ne poussait pas à l'assimilation des concepts. Il faut finalement reconnaître que le fait de molester les mots et les idées a régulièrement conduit à leur dénaturation.

De ce point de vue, la psychiatrie gériatrique présente l'avantage d'avoir dû maîtriser, modifier et créer, pour les besoins de sa pratique, un vocabulaire qui puisse suivre et ensuite précéder, dans une période relativement brève, un étonnant bouleversement conceptuel. On relèvera aussi que des facteurs nouveaux ont fait de plus en plus apparaître la richesse de la diversité langagière après qu'on eut défendu au siècle dernier la nécessité de préserver l'unité de la langue pour favoriser la cohésion et la communication dans la société.

Nous avons essayé de situer ces nouvelles tournures du langage médical dans le cadre des questions qui se sont posées dans la mise en œuvre d'un outil thérapeutique propre à la personne âgée souffrant d'affection psychique, ainsi que dans la programmation des recherches qui en justifient l'avancement et dans l'enseignement qui doit les soutenir et les promouvoir.

Chapitre 1
L'histoire immédiate et le langage

A. Dans la préface à son livre sur « Le commerce et le gouvernement considérés relativement l'un à l'autre » (1776), E. Bonnot de Condillac écrit que « l'art de bien traiter une science se réduit à l'art d'en faire la langue ». Une des thèses essentielles sur lesquelles repose l'analyse condillacienne et qui serait la plus singulière est, en effet, selon J. Lefranc (1998), celle du développement des connaissances humaines à travers les signes de la langue. De ce point de vue, il est indéniable que la psychiatrie gériatrique est une des disciplines à propos de laquelle aborder l'histoire par la langue est non seulement possible, mais encore apte à mieux dévoiler les paradigmes de son instantanéité.

L'*histoire immédiate* ou *histoire de l'instant*, extrême partie d'une *histoire contemporaine*, est, quant à elle, controversée. Il est, en effet, justifié de considérer que pour qu'il y ait histoire, il soit nécessaire d'avoir un délai propice à un recueil des faits que l'on veut étudier et à un temps de réflexion et d'élaboration sur ce qui peut en être dit. Le fait de manquer de recul rend toujours délicat l'écriture objective de l'histoire médicale présente. L'intérêt de l'histoire immédiate est cependant d'être une histoire plus ciblée que celle dite du *temps présent* et d'être établie à partir de ceux qui en ont fait l'expérience et portent l'attestation de sa réalité. Il semble par ailleurs que l'envisager par et pour son langage offre la possibilité d'en fournir une lecture fiable et originale qui en facilite un suivi relativement précis dans une durée proche.

Pour D. de Rougemont (1988), il existe deux approches linéaires de l'histoire. L'une supprime le rôle de l'homme et les contradictions du réel au profit d'une synthèse logique. L'histoire ainsi conçue est la réalisation progressive d'une idée d'essence supérieure, telle que celle de la nation. L'autre rejette la synthèse et fait des contradictions toujours ouvertes le moteur de la vie.

L'*histoire immédiate* ne saurait être confondue avec le *journal* qui fournit l'information selon un rythme déterminé : quotidien, hebdomadaire ou mensuel, les *annales* qui rapportent les événements année par année, la *chronique* qui consigne des faits dans l'ordre chronologique de leur déroulement et les *mémoires* ou *souvenirs* qui relatent ce qui a marqué la vie d'un individu. Quant au *témoignage*, il n'est pas l'*histoire immédiate* bien qu'il concoure à l'établir, car il n'est que ce qui a été vu ou entendu par une seule personne.

En effet, si, ainsi que le relève B. Fantini (1998), un *fait est un fait* dans le discours commun, *un fait est une idée* pour le philosophe des sciences. Mais, dans l'histoire, *une idée est un fait*. Car l'historien «en reconstruit l'origine, l'évolution, la stratification à partir des traces que ces idées ont laissées dans le présent». Il en réalise une analyse qui s'avère alors d'une importance capitale pour la théorie et la pratique médicale.

B. Il se trouve que, dans cette période contemporaine de la psychiatrie gériatrique, s'est progressivement créé, par les nécessités de la pratique médicale, tant chez les soignés que chez les soignants, un langage de mieux en mieux ajusté aux besoins les plus évidents de personnes âgées chez lesquelles et sur lesquelles pouvait être simultanément perçu un renversement de mentalité.

Il paraît utile de faire remarquer qu'une des difficultés rencontrées qui n'est pas encore correctement maîtrisée concerne l'emploi même du langage de base qui doit servir à parler de cette histoire immédiate et du cadre dans lequel il s'insère.

Cette difficulté n'est cependant pas propre à la psychiatrie gériatrique. Rappelons, par exemple, que, dans le glossaire qui suit l'exposé de son expérience de nutritionniste à travers laquelle il tente de donner à la pensée biologique toute sa signification, J. Trémolières (1975), après avoir défini les mots comme les instruments élémentaires de la parole, indique qu'ils «n'ont de sens objectif que dans les domaines où on peut les délimiter conventionnellement (physique, chimie, droit, etc.)». Il ajoute que «les mots de la vie réelle ont le sens que chacun leur donne, suivant l'expérience qu'il en a». Car, «dans une société donnée, un consensus délimite un sens «moyen» à chaque mot. Ce sont les petites différences d'interprétation de chacun qui donnent à la communication verbale sa puissance de développement. Entre ce que veut dire chacun par un mot et ce que le mot veut dire dans une société donnée, il y a l'incommensurable séparant l'individu de son type ou schéma moyen».

C'est pourquoi nous avons choisi, pour rester opérationnel, de ne retenir, dans un premier temps, de cette linguistique peut-être sommaire, que les acceptions les plus habituelles. Ainsi, **mot** et **terme** seront compris comme des éléments de langage qui attribuent un sens. Celui-ci est plus général et plus polysémique pour le mot. Il est plus précis et monosémique pour le terme. Le terme appartient là à un vocabulaire spécial qui n'est pas en usage dans la langue commune. Le *vocable* désigne l'occurrence d'un mot dans le discours. Le **nom** dénomme et qualifie ou assigne.

Mot, terme, vocable et nom se structurent de manière distincte dans la terminologie, la nomenclature, le vocabulaire, le glossaire, le lexique et le dictionnaire. Ainsi, la *terminologie* est un ensemble de termes définis rigoureusement par lesquels elle indique spécifiquement les notions qui lui sont utiles. Il n'y a pas de science sans terminologie. La **nomenclature** est l'ensemble des termes répertoriés dans un dictionnaire. Le *vocabulaire* est l'ensemble des mots dont dispose une personne. Le *glossaire* donne sous forme de simples traductions le sens de mots mal connus ou qui doit être précisé. Le *lexique* est l'ensemble des mots d'une langue. Le *dictionnaire* est le recueil de mots et expressions rangés dans un ordre convenu, destiné à apporter une information.

C. La mutation du langage évoquée plus haut, déjà constatée à travers le rejet progressif de l'usage de certains mots, devint claire avec la révision du sens d'autres mots. Elle se compléta ultérieurement de l'introduction de mots nouveaux. C'est à travers ce que l'on conviendra d'appeler une nouvelle mise en mots que le projet thérapeutique fut différemment orienté quant aux profits que pouvaient effectivement en tirer les personnes âgées et les membres de leur communauté de vie. C'est par son intermédiaire que s'instaura une avancée conceptuelle remarquée qui favorisa l'identification incontestablement recherchée de la psychiatrie gériatrique. Cet inéluctable soutien notionnel de l'évolution d'une pratique soignante était propre à servir et enrichir en ce domaine l'épistémologique génétique, telle que la concevait J. Piaget (1970).

La simple rédaction d'un nouveau dictionnaire dans ce champ neuf aurait-elle suffi de réponse à cet objectif? Il ne le semble pas, car cette option paraissait d'emblée devoir être trop réductrice. Il était, de plus, inacceptable de s'y limiter sans s'écarter de la connaissance obligée d'un contexte en continuel devenir qui permettait à la nouvelle terminologie non seulement d'être, mais encore de bien montrer le cheminement idéologique qu'elle avait suivi. Isolée de son contexte, elle aurait peut-être été utile, mais certainement insuffisante à appréhender correctement le changement en cours.

D. Du point de vue de la méthode historique, l'évolution langagière, à laquelle nous faisons allusion, a la valeur du document sans lequel, selon C. Jullian (1897), il n'y a pas d'histoire. Pour médicale qu'elle soit, l'analyse récente de la mise en mots de la psychiatrie gériatrique est bien une des façons d'en parcourir l'histoire immédiate dont on redoute les obstacles. Mais sous la forme sous laquelle elle sera évoquée, elle a l'excellent privilège autant de «conduire» l'histoire que de la rappeler. Car cette mise en mots en marque l'orientation prévisible. Il faut démontrer qu'elle en fournit aussi la logique. De plus, ainsi que le note D. de Rougemont déjà cité, l'homme est aussi le créateur de son histoire. Par la tradition, il instruit un ordre de valeurs et, par sa réforme, il le met en cause. Mais il en trace encore à l'avance le cheminement.

A l'instar de l'*histoire locale* dédaignée par ce qu'il est admis d'appeler la **grande histoire**, celle des vastes fresques, cet essai d'histoire immédiate est sectoriel et différentiel. Il est *sectoriel*, car il envisage les problèmes de certains aspects d'une discipline médicale. Il est *différentiel*, car il permet d'évaluer l'écart qui le sépare d'un progrès linguistique plus général à l'ensemble des sciences médicales. De ce fait, en suivant P. Leulliot (1967), il n'est pas dit qu'il ne soit pas susceptible, comme fruit de circonstances expérimentées, de concourir aussi, en pointant des lacunes, à remettre plus tard en cause avec d'autres données ce qu'à un moment déterminé on aurait pu croire définitivement acquis.

Il est, par ailleurs, certain que l'action visée, en l'occurence thérapeutique, reste toujours conditionnée par le poids des mots auxquels on recourt pour l'évoquer, en préciser la portée, la valoriser et convaincre de son utilité. Le vocabulaire momentanément retenu en évite les déviations. Il permet aussi, d'une certaine façon, de les contenir.

Ce qui fait l'intérêt de cette mise en mots de la psychiatrie gériatrique est tout d'abord sa disposition à véhiculer des idées. C'est aussi l'option prise de montrer la manière dont on cherche à rendre cohérente l'histoire vécue de cette discipline et qui explique quelques-uns des choix sur lesquels on s'est arrêté pour orienter son développement futur et sur lesquels il faudra s'expliquer. C'est encore de présenter de la terminologie en question une conception qui soit, pour le praticien, l'enseignant et le chercheur, équilibrée, solide et profitable.

Pour y parvenir, les mots utiles, qu'ils soient nouveaux ou rechargés sémantiquement, ont été replacés dans la suite des interrogations qui se sont posées au cours de l'avancée d'une pratique qui continue à s'imposer au-delà d'événements circonstantiels. Il y a parallélement des mots qui, dans l'instant présent, ne doivent plus être employés. Il y en a d'autres encore qui méritent de rester vagues par l'usage dont ils relèvent de saisir une notion perçue et encore difficile à cerner et qui semblent propres à favoriser le changement sans y être directement impliqués.

Soutenue par une terminologie qui progressivement s'épure, se modifie et s'enrichit, la psychiatrie gériatrique, maintenant libérée d'un certain nombre de contraintes et d'idées fausses, se situe donc dans une perspective de constante amélioration de la trajectoire humaine. Porteurs des diverses modalités du sens de l'action à laquelle ils nous confrontent, les mots témoignent, par les significations auxquelles ils nous lient, des valeurs qu'ils nous obligent à défendre.

Chapitre 2
De quelques contraintes attachées au recueil de l'information géropsychiatrique

A. Il est des faits qu'il convient de rappeler et d'analyser d'emblée, car ils sont susceptibles d'infléchir et de biaiser la compréhension de ce qui doit être dit de l'histoire en cours de la psychiatrie gériatrique.

1. Parmi ceux-ci, certains ont une influence directe sur l'information obtenue par la modalité de langage choisi pour en faire état. Trois types de langage entrent alors en compétition : le *langage de bon sens*, le *langage de sens commun* et le *langage scientifique*.

D'autres relèvent d'une action plus insidieuse. Ils ont, en effet, trait aux pressions exercés sur la psychiatrie gériatrique par d'autres disciplines médicales instituées et bien installées dans leurs privilèges qui peuvent y voir une menace pour l'étendue de leur territoire d'intervention et pour le pouvoir et l'autorité qu'elle leur confère.

Alors qu'elle achève de délimiter avec précision un champ d'application, de recherche et d'enseignement qui lui soit propre, la psychiatrie gériatrique, jusqu'alors si peu investie, se montre donc susceptible de porter ombrage aux disciplines qui occupent indûment ce champ, qui s'en croient les détenteurs sans s'y impliquer réellement ou qui, ne l'occupant pas, y discernent, malgré tout, un danger potentiel pour l'intégrité de leur pratique.

Il faut ajouter à ces faits l'incidence du rôle le plus souvent mal partagé des gestionnaires des prestations médicales et du corps médical lui-même.

2. Méritent donc d'être successivement approchés :

a) l'emploi des mêmes mots dans des conditions de discours différents ;

b) l'altération sémantique des mots dans la gestion par le corps médical lui-même de pratiques de plus en plus diversifiées et spécialisées ;

c) les pressions linguistiques d'autres langues (allemand, anglais, espagnol, etc.) dans le mode de pensée desquels évolue aussi la psychiatrie gériatrique ;

d) et enfin l'intervention dans l'administration médicale de professionnels de l'organisation.

Ces derniers, pour administrateurs compétents qu'ils soient dans leur domaine, ne sont que rarement médecins. Si même ils en ont acquis le titre, ils n'ont plus le droit d'y faire appel dès lors qu'ils n'ont plus l'expérience de la pratique clinique. Quels qu'ils soient, ils usent d'un autre langage technique qu'ils opposent au langage médical.

B. Nous disposons le plus souvent pour parler de ce qui relève du sens commun, du bon sens et de la connaissance scientifique du même vocabulaire formel. Comme cela a déjà été souligné, il peut être *vernaculaire* et propre à une communauté ou *véhiculaire*. Celui-ci est habituellement compris dans des acceptations diverses qui, dans un contexte connu, peut relever de charges sémantiques distinctes, mais qui, dans d'autres circonstances plus fréquentes, baigne dans une polysémie qui prête à confusion et est source de graves erreurs sémantiques.

1. On trouve ainsi répandu dans toutes les couches de la population un certain nombre de notions, dont celle de santé, qui font partie d'une culture populaire. Ces notions, qui ne sont pas obligatoirement agréés par tous, relèvent de ce que l'on appelle le *sens commun*. Elles sont les composantes d'un savoir qui n'a rien de scientifique.

Ainsi, en psychologie, bien qu'une distinction se soit établie entre *ceux qui ont de la psychologie* et *ceux qui sont psychologues*, il ne suffit pas, au sens courant du terme, d'avoir de la psychologie pour être psychologue. Pour l'être et pratiquer une psychologie qui puisse être considérée digne de ce nom, il faut avoir acquis un corps de connaissances et une méthode spécialisés qui répondent aux critères de l'activité scientifique dont il sera fait état plus loin.

De la même façon, bien des somaticiens, en particulier dans le domaine de la *gérontologie (ou gérontie) médicale*, se croient autorisés à émettre un avis psychiatrique alors qu'ils n'en ont pas la formation. Les psychiatres, quant à eux, ne s'arrogent pratiquement jamais ce droit pour les autres spécialités médicales. Cet avis psychiatrique du somaticien ressort le plus souvent du banal et du sens commun. Car, pour être psychiatre et compétent, en particulier, en psychiatrie gériatrique, il faut maintenant être capable, après une sérieuse formation qui ne s'improvise pas et une longue pratique, de faire une lecture et un traitement des comportements et des conduites selon les points de vue idéologiques qui s'accordent le mieux avec le problème à résoudre, ce qui est le fruit, chaque jour enrichi, d'une culture spécifique.

2. Est, par ailleurs, généralement rapportée au *bon sens*, cette faculté de discerner spontanément, le vrai du faux et d'apprécier les choses à leur juste valeur. Le bon sens s'applique autant aux catégories simples ou grossières qu'à celles qui ne sont pas susceptibles d'être résolues par un raisonnement rigoureux et qui s'étendent à toutes les spéculations possibles. Malgré sa manière immédiate et intuitive de connaître, le bon sens serait un frein aux excès de raisonnement. Il n'est intéressant, en médecine et dans d'autres domaines, que lorsqu'il caractérise la mesure de ce que l'on pense, de ce que l'on dit et de ce que l'on fait.

Il est d'ailleurs *un sens commun, qui tient aussi du bon sens* et qui est l'ensemble des opinions si unanimement admises qu'elles semblent ne pouvoir être sérieusement réfutées.

3. De son côté, le *savoir scientifique* est soumis à trois ordres de critères essentiels :

a) ce qui est dit doit pouvoir être *vérifié*;

b) ce qui est affirmé doit être *reproductible*;

c) ce qui est retenu doit être *transmissible*.

Au total, le bon sens, le sens commun et la connaissance scientifique portent des valeurs qui ne sont pas de même qualité et tendent à se complexifier lorsque l'on passe de l'une à l'autre. Elles vont dans le sens d'une formation spécialisée, qu'elle soit ou non de nature professionnelle.

Le savoir de sens commun est rassurant pour le profane puisqu'il lui fait croire qu'il peut tout connaître de tout. Pour le scientifique, il est source d'ambiguïtés parce que le scientifique est un homme comme les autres qui a tout un patrimoine de sens commun dans des démonstrations qui se veulent scientifiques.

La difficulté à déterminer et à formuler les problèmes à résoudre se conjugue donc à l'arbitraire des systématisations et à l'incertitude du choix et de l'application de méthodes fiables. Il s'ensuit donc un doute sur la transmission et l'utilisation d'un savoir insuffisamment élaboré et de connaissances trop vite généralisées. Il en résulte aussi une suspicion sur la valeur d'affirmations qui pourraient n'être que des postulats. Il s'en dégage encore une méfiance sur la propagation d'idées qui pourraient être fausses et dont nous pourrions être nous-mêmes victimes.

De ces points de vue, la psychiatrie gériatrique a été le jouet d'abus de langage qui se sont trouvés renforcés par des démonstrations et des argumentations pseudo-scientifiques. Il en a été ainsi de l'assimilation de la vieillesse et du vieillissement à l'affection et à la maladie, de la confusion du physiologique et du normal, de la synonymie de l'anormal et du pathologique et de la notion de déclin lié à l'âge. Cette dérive du langage a parfois été liée à des conceptualisations momentanément défaillantes, telles que celle de l'affirmation que l'individu ne change plus après un certain âge, accroché qu'il est à son environnement du moment ou celle de ne pas considérer, comme l'indiquait M. Philibert (1981), que *le vieillissement humain est une expérience non seulement subie, mais aussi déchiffrée, conduite et aménagée par l'homme lui-même qui a le privilège de savoir qu'il vieillit et qui a les moyens de maîtriser les circonstances de sa finitude*.

C. Il est des circonstances dans lesquelles l'attribution du sens des mots peut varier selon le contexte dans lequel ils sont utilisés.

1. Il se trouve ainsi, comme nous l'avons déjà indiqué, qu'un même mot ait, pour le sens commun ou son implication scientifique, des significations autres et que sa polysémie soit difficile à maîtriser. Il peut, dans ces situations, être complètement dénaturé.

Il est ainsi évident que le terme de *dépression* englobe dans le langage courant un sens beaucoup plus flou et plus large que pour le psychiatre. Il sert, par exemple, à masquer, dans un environnement précis, la présence de n'importe quelle affection psychique grave qui peut ainsi être mieux acceptée d'une communauté.

On commence aussi à s'accorder sur le fait que ce terme n'a pas la même attribution dans le champ médical et dans celui des différentes autres professions soignantes, telle celle du psychologue. Il correspond, dans chaque cas, à des objectifs et à une méthodologie particulière qui se veulent identifier définitivement chacune de ces professions. Il est alors à l'origine de difficultés de communication entre soignants et de mélanges de leurs rôles respectifs qu'il convient toujours de clarifier pour profiter des avantages de la mise en application des règles de la pluri- et de l'interdisciplinarité.

2. La falsification sémantique des mots peut avoir plusieurs origines. Les premières sont propres au corps médical lui-même. Il n'est effectivement pas rare que ce type d'abus se produise.

Une manière habile de le provoquer est l'attribution à une personne désignée d'un profil professionnel ou de personnalité qu'elle n'a pas. Ce phénomène s'est évidemment produit dans l'émergence de la médecine de l'âge avancé où il est toujours apparu plus noble de pratiquer une médecine interne tout âge, même si elle l'est surtout de l'âge avancé, et de se dire interniste que de pratiquer la gériatrie et de se dire gériatre.

En psychiatrie, nombre de psychiatres d'adultes ont tout d'abord voulu contraindre la psychiatrie gériatrique à être ce qu'elle n'était pas, une psychiatrie des seuls états démentiels, pour apparemment éviter d'être touchés par les répercussions d'une conceptualisation médicale plus astreignante qui pouvait attaquer celle plus largement aménagée à leur avantage et plus ou moins inconsciemment fondée sur une discrimination des patients à traiter. C'est ce qui fait que certains psychiatres ont d'abord et surtout voulu chercher à défendre un territoire fait de patients jeunes plus faciles et qui se trouvaient de préférence dans des situations qualifiées d'aigues plutôt que d'offrir des soins répondant aux vraies exigences des patients âgés atteints d'affection psychique.

Ces soins de l'âgé imposent, en effet, que, si le soigné peut choisir son soignant, ce dernier ne peut tout à fait opter, sauf pour des motifs vraiment thérapeutiques, uniquement pour les patients qui lui conviennent le mieux. Ce n'est pas non plus au patient de se plier aux indications retenues pour l'usage d'une technique comme ce fut le cas pour certaines orientations psychothérapeutiques, mais à la technique de s'accorder aux besoins du patient.

3. A propos de la notion de *santé*, G. Tchobroutsky et O. Wong (1995) rappellent aussi qu'*il est des mots imprécis qui servent surtout « à demeurer volontairement dans le flou »*. Il est, disent-ils, des santés corporelle, mentale, sociale. On écrit sur la santé animale, la santé communautaire, celle des cultures agronomiques et même sur la santé des ruines en poésie. Il est aussi possible de pointer dans les titres d'ouvrages récents, édités et disponibles en français, la santé fracturée, la santé primale, la santé gourmande, la santé sexuelle.

Ainsi, *certains mots sont condamnés, à cause de l'emploi nécessaire auquel ils paraissent destinés, à rester vagues*. Leur sémantique semble, en effet, résister à tout changement. Il convient de l'admettre. C'est bien le cas du contenu de la notion de *santé* que cherche, sans définitivement convaincre, à faire accepter l'Organisation Mondiale de la Santé (OMS).

Ceci explique la lecture qu'en font les auteurs qui viennent d'être cités, quand ils écrivent : «la *santé* comme potentialité, aptitude, liberté de choisir sans entrave les activités désirées, mais aussi comme capacité de s'adapter aux multiples défis de l'existence et d'en maîtriser les obstacles, telle est peut-être la vision la plus contemporaine du sens donné à ce mot, véritable auberge espagnole».

D. La psychiatrie gériatrique doit son essor aux efforts menés dans des pays de langue différente. Or, chaque langue favorise généralement l'adoption d'un mode de penser qui lui est propre. Car une langue peut plus ou moins bien se prêter à un type de conceptualisation donné en fonction de sa structure même, de sa grammaire ou du choix des mots. Elle exerce ainsi indirectement une contrainte non seulement sur la façon de s'exprimer, mais aussi sur le déroulement de la pensée qu'elle véhicule. C'est fréquemment à propos de problèmes de traduction que se révèlent des difficultés inattendues.

Dans un travail récent, M. Zobel (1998) montre, par exemple, comment la traduction allemande d'un texte français de psychiatrie gériatrique, qui se voulait porteur d'idées nouvelles dans ce domaine, bute sur des difficultés majeures à fournir l'esprit même des notions dont il doit rendre compte. Ceci tient fréquemment à la distorsion que fait subir le texte à traduire aux idées qui se sont antérieurement imposées par les modes mêmes de formulation de la langue de traduction. Il est alors tentant de faire circuler par la traduction une idéologie plus proche de la langue de traduction que de la langue à traduire.

Ainsi, le terme de «psychogeriatrie» utilisé en langue allemande, comme synonyme de psychiatrie gériatrique, rend impossible la distinction établie en langue française entre la psychiatrie gériatrique et la psychogériatrie et donc la psychogérontologie.

M. Zobel, qui propose un glossaire argumenté sur le sujet, y aborde aussi, de manière minutieuse et critique, bien d'autres problèmes techniques de traduction dont ceux qui, en langue française, distinguent l'affection de la maladie ou le traitement du soin.

E. Venons-en aux querelles de mots de nature strictement politique ou en relation avec la gestion de la santé publique dont les exigences ne sont pas toujours compatibles avec la prompte application d'un progrès médical connu. Ainsi l'administration par de simples techniciens de la gestion de ressources strictement médicales provoque fréquemment des distorsions langagières dans la pratique du médecin lorsque le gestionnaire se mêle d'interpréter des questions médicales qui ne relèvent pas de sa compétence.

C'est le cas en psychiatrie dans l'usage thérapeutique des structures architecturales et fonctionnelles qui constituent l'essence même de la ***thérapie institutionnelle***. Dans ce cas, les critères médicaux ne peuvent pas se plier facilement aux exigences des administrateurs. A l'inverse, les concepts administratifs, pour garder leur cohésion, ne peuvent pas toujours s'accomoder des concepts médicaux. Administrateurs et médecins doivent donc avoir la possibilité de recourir au choix méthodologique qui est spécifique à leurs activités réciproques à partir de données de base qui peuvent être communes. Nous y reviendrons.

Ces conflits entre le corps médical et l'administration sont inscrits dans l'histoire de la médecine. En psychiatrie, les exemples en sont multiples.

Nous ne retiendrons pour les illustrer que la préférence donnée, en 1805, à l'issue d'une controverse mémorable, à la nomination à la direction de l'Hôpital de Charenton près de Paris d'un médecin-chef, A.A. Royer-Collard, qui fut plus tard Professeur de Perfectionnement, puis de Médecine légale et enfin de Médecine mentale, malgré l'opposition d'un directeur administratif qui s'était arrogé tous les pouvoirs.

Mais les exemples inverses ne manquent pas. C'est bien une décision politique tout à fait aberrante sur la manière de concevoir et d'assurer les soins qui, en 1856, coûta à J.C. Coindet son poste de médecin principal de la Maison Cantonale des Aliénés des Vernaies à Genève.

Chapitre 3
Caractérisation du vieillissement et de la vieillesse et assignation des attributs de phase, d'état et de processus

A. *Vieillesse* et *vieillissement* sont deux concepts fondamentaux de la psychiatrie gériatrique dont la définition détermine celle de nombreuses autres notions. Ce sont eux qui font, sans nulle doute, de la psychiatrie gériatrique, la discipline qui tente d'édifier un corps de connaissances spécifiques sur les affections psychiques qui surgissent, persistent ou réapparaissent dans l'âge avancé afin de réussir à soigner et à traiter les patients qui en sont victimes. Le *vieillissement* s'y présente là sous la forme du vieillissement dans la vieillesse.

Dans le halo du vieillissement et de la vieillesse, sont en usage nombre de substantifs et de qualificatifs dont le sens prête ou continue de prêter à confusion et mérite d'être autrement précisé pour que soit assuré l'essor de la discipline en question. Le problème porte essentiellement sur la clarification dans la terminologie utilisée des notions de ***phase***, d'*état* et de ***processus*** et de leurs liens avec le vieillissement et la vieillesse.

Lorsque, d'un point de vue biologique, on parle de *phase*, d'*état* et de *processus*, il y a, en effet, généralement sur le plan sémantique une distance qui sépare la phase et l'état du processus. D'un côté, la *phase* précise une période de la vie et l'*état* témoigne d'une manière d'être ou d'une situation d'un moment de l'existence. De l'autre, le *processus* désigne un ensemble de fonctions en train de se manifester. Il est un enchaînement coordonné de faits ou de phénomènes qui, avec une certaine unité et une certaine régularité, forgent une structure durable et ont une résultante interprétée par les lois rationnelles du savoir.

Il faut souligner dès maintenant que les mots à disposition pour parler de phase, d'état et de processus, dans le champ de la vieillesse et du vieillissement, ont toujours, tant dans le langage vernaculaire ou véhiculaire que dans le langage scientifique, laissé planer une ambiguïté entre ce qui relève des uns et ce qui relève de l'autre. Cette équivoque doit être dépassée.

B. C'est en tenant compte de ce constat que l'on doit continuer à considérer la *vieillesse* comme une étape de l'existence, celle qui en précède la fin. Chez l'être humain, elle est, pour des raisons essentiellement pratiques, définie arbitrairement. Elle est habituellement fixée dans le cours de la sixième décennie. Son âge de début peut, selon les pays, être l'objet de variations. Ainsi, en Suisse, cet âge est celui auquel l'individu touche les prestations de l'assurance-vieillesse. Il est, en 2000, de 65 ans pour les hommes et de 62 ans pour les femmes. Il risque de s'égaliser dans les années à venir. Dans d'autres régions ou pays, il peut être de 70 ans pour les deux sexes.

La vieillesse, qualifiée parfois de *continent gris*, s'inscrit ainsi dans un parcours existentiel qui s'est enrichi de différentes phases et pour lequel il est convenu de reconnaître : la *puérité*, la *jeunesse*, l'*adultité* (J. Guigou, 1974) ou *adultat* (R. Houdé, 1986), la *maturité*, le *troisième âge* (J. Huet) ou *tiers temps* (J. Boudet, 1990) et le *quatrième âge* (A. Thevenet, 1989) dont les âges habituellement admis sont respectivement de 0 à 15 ans, de 15-17 à 20-22 ans, de 22 ans à 50 ans, de 50 à 62-65 ans, de 62-65 ans à 80 ans et de plus de 80 ans. Dans cette trajectoire, l'*adultité* ou *adultat* a réduit la notion de *jeunesse* qui couvre traditionnellement la période qui va de l'enfance à la maturité à celle antérieure de *prime jeunesse*. Quant à l'*enfance* et à l'*adolescence*, nous verrons plus loin qu'il est préférable de leur réserver un caractère plus processuel que phasique.

Il a été de bon ton, vers les années soixante-dix, de considérer, à notre avis à tort, le *quatrième âge* comme la période de tous les handicaps et de toutes les déchéances quel qu'en soit l'âge de début. Or, cette notion ne vaut que si elle n'est et ne reste que strictement chronologique et que si elle ne concerne que les sujets de plus de 80 ans. La vieillesse ne peut, mais nous y reviendrons, être qualifiée d'âge de la décadence et du déclin. Il n'y a d'ailleurs aucune raison valable pour rejeter dans la même mise à l'écart les handicapés de tout âge et les âgés.

Le découpage de la vie de l'homme en tranches chronologiques aurait, pour certains, l'inconvénient d'établir des cloisons entre les générations. Force est d'admettre que, du point de vue de la psychiatrie gériatrique, il a été indispensable de le retenir pour faire accepter la singularité des besoins psychiques de l'âgé, ainsi que pour définir et mettre en œuvre, de la manière la plus efficiente qui soit, en dehors de tout autre côtoiement avec des individus d'autres âges, des solutions à des affections qui lui sont devenues propres. La psychiatrie par âge, qui a ainsi commencé à s'imposer avec l'identification de la pédopsychiatrie au début de la deuxième décennie de ce siècle, est née de cette nécessité d'identifier les traits différentiels de la pathologie mentale de chaque moment de l'existence noyés dans des invariants devenus de plus en plus discutables et discutés.

C. Le *vieillissement*, quant à lui, reste le processus biologique ou un instant de ce processus qui commence dès la naissance et s'achève avec la vie. Il est représenté par le type de fonctionnement de l'organisme qui apparaît à chaque étape de l'avance en âge, quelqu'en soient la nature ou les modalités : morphologique, physiologique, donc psychologique, ou autres. Il l'est, en particulier, par la maîtrise, dont, à chacune de ces étapes, l'individu fait preuve, selon ses capacités et ses intérêts, des conditions mêmes de son existence. Il est à la fois constitutif et constitué de ce fonctionnement. Il en est, en effet, l'instigateur et le résultat. Il ne doit pas être confondu avec la *longévité*. Cette dernière, qui, selon J. Boudet (1990), signifie, au XIXe siècle, «longue durée de la vie», ne signifie plus maintenant que «durée de vie», parce que, depuis lors, d'après cet auteur, «les normes d'âge de la vie humaine se sont tellement étalées».

a) Notons que le vieillissement ferait, pour A. Thevenet (1992), l'objet de deux définitions traditionnelles. L'une le considérerait comme un processus progressif de détérioration et de destruction des organismes vivants. L'autre l'envisagerait comme la série de changements, naturels et lents, séquentiels et cumulatifs, qui concernent les êtres vivants de leur naissance à leur mort.

Considérant qu'aucune de ces définitions ne rend pleinement compte de la complexité du phénomène, A. Thevenet précise, face à la première définition, qu'il est difficile de nier que l'avance en âge s'accompagne de dysfonctionnements, de lésions, d'infirmités et donc d'un déclin des capacités physiques et mentales de l'individu qui, selon lui, altère la santé et crée la dépendance. Mais ce déclin ne serait ni inéluctable, ni égal, ni même soumis à une chronologie identique. Il serait hétérogène. Il pourrait être parfois l'effet et non la cause des handicaps qui lui donne son profil. Les incapacités croissantes et supposées naturelles de l'âge découleraient de son inadaptation à l'environnement social, voire idéologique. Le vieillissement serait alors décrypté, produit et renforcé par l'âgé lui-même et par ceux qui s'offrent à ses soins.

Face à la deuxième définition, A. Thevenet fait remarquer que si certaines fonctions déclinent avec l'âge, d'autres peuvent continuer à progresser. Il ajoute aux modifications qu'il attribue à l'âge celles qui sont dûes à l'environnement, aux accidents, aux usages particuliers d'un groupe professionnel ou social ou à l'initiative de chacun. Le vieilllissement ne suffirait pas à en rendre compte.

b) Il faut retenir que ces remarques créent des difficultés sur plusieurs points. La première, et non la moindre, est celle de la **détérioration** et du **déclin** auxquelles peut s'ajouter celle d'*involution*. La seconde est celle du lien que l'on a pu établir, sur le plan de la causalité, entre le vieillissement et l'âge avancé. Par contre, l'importance de la représentation que l'on a du vieillissement et le rôle des agressions, dont peut être victime l'organisme humain au cours de son existence, méritent d'être prises en compte. Représentation et agressions sont des faits avérés qui se montrent heureusement modifiables.

Assigner à l'âge les changements liés au vieillissement de l'organisme humain a été, à juste titre, contesté. Ainsi, H. Pequignot (1986) peut, à propos d'une vieillesse conçue comme l'aboutissement du vieillissement, écrire ce qui suit : «Il n'existe pas de définition scientifique de la vieillesse... On rencontre parfois des définitions telles que "modifications consécutives à l'action du temps sur les êtres vivants", "évolution des organismes dans le temps". Elles ne sont que de banales tautologies, puisque le temps implique l'évolution et la modification. Elles sont, d'autre part, philosophiquement confuses : si les phénomènes ne peuvent exister que dans le temps, le temps n'est qu'une dimension, il ne produit pas d'effet... Il n'apparaît pas qu'en dehors de la science-fiction, on puisse jamais envisager une action sur le déroulement du temps». De la même façon, P.B. Baltes et L.R. Goulet (1970) insistent sur le fait que l'âge chronologique ne constitue qu'une variable brute dont la signification n'est précisée que par rapport au processus de changement en cause et aux conditions qui le nuancent.

Il serait donc préférable de ne parler, à propos du vieillissement, que des changements constatés de l'organisme humain en enlevant au temps, qui n'en serait qu'un des marqueurs, toute implication explicative. C'est d'ailleurs pour le vieillissement que P. Paillat (1996) est, en tant que démographe, en faveur de traitements sociaux qui ne font plus de l'âge un critère décisif.

D. Quant au *changement proprement dit*, nous reprendrons ici sans le trop modifier ce que nous en avons écrit ailleurs avec E. Dirkx (1996).

Parler de changement, c'est, selon A. Lalande (1960), évoquer, d'une part, « l'acte par lequel un sujet par moment se modifie ou est modifié dans quelqu'un ou dans quelques-uns de ses caractères » et c'est mentionner, d'autre part, « la transformation d'une chose en une autre ou la substitution d'une chose à une autre ». Ces deux sens se retrouvent dans les distinctions les plus actuelles utilisées en gérontologie. Ainsi le changement est à la fois le fait de changer et son résultat. Il souligne donc la mise en jeu d'un processus qui, ainsi qu'on l'a déjà indiqué, s'accompagne d'une variable structurale de l'être et de son environnement qui se déroule dans un temps donné et qui a, lui aussi, son rythme. Il indique également la conséquence momentanée de ce processus qui préserve une identité. L'être humain reste le même malgré le changement. Il est reconnu comme identique quel que soit son âge.

Il se trouve que, pour parler du changement et donc de l'évolution d'un processus, nous disposons en français non seulement du terme de vieillissement, mais encore de celui de *développement*. Bien que le mot d'évolution n'implique pas par lui-même une idée de progrès ou de regrès et qu'il désigne toutes les transformations subies, en particulier par un organisme, tel celui de l'homme, indépendamment du fait d'affirmer si elles sont favorables ou défavorables, il nous faut relever qu'inscrits dans des modes de pensée dont la maîtrise est primordiale à la qualité de l'intervention que l'homme entreprend pour l'homme, ces termes sont habituellement porteurs, dans notre culture, l'un, le développement, d'une connotation positive et l'autre, le vieillissement, d'une connotation négative, liées à la valeur accordée à la vie et aux phases qui y sont isolées.

Le développement est trop souvent regardé comme le synonyme de *progrès*, de *croissance* ou d'*évolution*. Il tend à souligner la différenciation d'une organisation ou d'une structure en train de s'édifier. Il inclut les notions de *genèse*, d'*origine* et d'*aboutissement*. La *genèse* est la manière dont il est devenu ce qu'il est à un moment considéré. C'est aussi celle dont il s'est successivement présenté en fonction des circonstances. D'un côté, la genèse est le constat d'un fait et s'oppose à l'explication, car elle ne suppose pas obligatoirement la connaissance de la cause qui la provoque. D'un autre côté, son histoire véhicule, à chaque instant, la raison qui en scelle les particularités. Elle présume un point de départ ou *origine* qui, dans certains cas, s'entend comme son synonyme.

Le développement soutient aussi parfois une hiérarchisation des conduites. Ceci lui permet d'inspirer les concepts de **maturité**, d'***immaturité***, d'***hypermaturité***, ainsi que ceux d'***harmonie*** et de ***dysharmonie***. Mais le développement pourrait ne s'achever qu'avec la vie et non à un âge précis, tel que celui de la jeunesse, comme on essaie le plus souvent de le laisser croire dans la gestion administrative des soins. Le vieillissement, quant à lui, n'apparaît pas non plus comme un concept neutre, puisqu'on a pu l'assimiler à la *désagrégation*, au *déclin* et à la *déchéance*. Il est ainsi vu comme *anomique*. E. Durkheim (1893) et R.K. Merton (1945) recourent à ce qualificatif pour désigner l'état de désordre ou d'anarchie qui se produit dans un groupe et qui finit par en compromettre la solidarité organique.

Fixer une même fin au développement, quel qu'en soit l'âge, et au vieillissement, c'est rapprocher leurs significations. Car le vieillissement pourrait y être considéré comme la résultante d'un processus développemental et l'accès à une maturité. Le même mouvement d'osmose pourrait être amorcé si le vieillissement prenait la forme d'une maturation en perpétuel devenir.

Le développement et le vieillissement peuvent donc illustrer, dans un autre contexte, deux tendances signalées par M. Le Senne dans l'Introduction à son *Traité de Morale générale* (1943), la **proversion** et la **rétroversion**. L'une nous fait «tourner le dos au passé pour nous porter vers l'avenir encore indéterminé en vue de le marquer au sceau de l'idéal et de le déterminer par la médiation de celui-ci». L'autre conduit «à nous retourner sur ce qui est déjà, sur ce qui prolonge le passé dans le présent, la nature, pour découvrir ce qu'elle est».

Au total, il suffit donc de modifier quelques postulats établis dans le jeu des concepts gérontologiques pour orienter différemment un savoir qui doit rester au bénéfice de l'homme. Effacer la notion de croissance dans le développement, c'est effacer celle de déclin dans le vieillissement, terme dont l'expérience montre que l'on a fait et que l'on continue à faire un mauvais emploi. Ceci revient à éliminer l'angulation des pentes inverses de deux courbes qui figurent généralement, dans notre culture, les deux périodes extrêmes de la vie. Annuler ces pentes, c'est introduire l'idée d'un aménagement continuel des conduites avec le temps sans référence à quelque jugement de valeur que ce soit sur des instantanés respectifs établis à partir d'une instrumentation unique pour tous les âges. C'est décrire des modifications à partir de l'outil utile, à un moment déterminé, à son évaluation et adapté au temps présent en fonction de celui qui s'est écoulé et pourra s'écouler. C'est observer autrement l'adaptation de l'homme à son milieu et orienter différemment l'action menée à partir des notions de *régulation*, de *dérégulation* et *transrégulation* des conduites, telles qu'elles ont été soutenues par J. Maisonneuve (1993). Selon ce dernier, la *régulation* des conduites peut être spontanée, contrôlée, imposée, de maintien et de transformation. Elle semble échapper à un dilemne dépassé, celui du finalisme et du mécanicisme. La *dérégulation* ou rupture d'équilibre menace ce qui est constitué et précède ce qui ne l'est pas encore. La résistance au changement et la prise de décisions nouvelles peuvent parfois être là des facteurs moins prégnants que la découverte ou la fixation d'un objectif et du programme propre à y parvenir. Le désir d'innover peut ainsi passer après celui de se sécuriser. C'est alors que se manifesteraient trois penchants. Le premier, taxé d'*orthopédique*, serait dominé par le souci de corriger et d'ajuster. Le deuxième, dit *démiurge*, viserait à accentuer les situations de déséquilibre en mettant l'accent sur «la spontanéité et la fulguration critique ou créatrice». Le troisième, dit *maïeutique*, interviendrait pour faciliter la *transrégulation*. Il apporterait information, interprétation et soutien. Il exclurait emprise et manipulation. Il ne pèserait pas sur les décisions. Il ne créerait ni n'entretiendrait l'incertitude. Il appuierait un travail de maturation progressive et de «conscientisation».

Développement et vieillissement pourraient donc être à la fois la même manière d'envisager deux types de changement ou deux manières d'envisager le même changement avec des conceptualisations et des procédures différenciées. Tout se passe donc comme si la gérontologie semblait buter sur une dialectique du changement. Si les concepts de phylo-, onto- et rétrogenèse ont été vus comme de même essence développementale, pourquoi ne pourrait-on en introduire d'autres à partir d'un vieillissement envisagé comme une autre dimension du changement et de nature distincte. C'est un des thèmes de réflexion et de recherche dans lequel la psychiatrie gériatrique est actuellement engagée et qui peut en confirmer encore, s'il en était besoin, la spécification.

Quoiqu'il en soit, il ne faut pas que l'étude d'un processus, tel que le vieillissement, se réduise à l'ajoût ou à la comparaison toujours possible des particularités d'instantanés successifs. Elle doit tenir compte des influences respectives d'une biologie personnelle, d'une histoire individuelle dans le temps et de ses crises, ainsi que de ses déterminants environnementaux. Selon la plus ou moins grande généralité des traits retenus pour l'évaluer, le vieillissement comme le développement pourrait être le fait d'un processus de changement dont la trajectoire, à la fois continue et discontinue, n'évoluerait pas de manière linéaire et dont le début, la durée et la fin pourraient se situer à des moments variables. Il pourrait être inséré dans des contextes différents et ne pas dépendre que d'un seul critère ou n'évoluer que dans une seule direction. Il aurait sa propre plasticité. D'un point de vue adaptatif, il fonctionnerait, comme le rappelle P.B. Baltes et M.M. Baltes (1991), sur le mode de l'*optimisation sélective* et de la *compensation* en sélectionnant les domaines d'activité dans lesquels l'individu doit s'engager en fonction des priorités qu'il s'est fixées, de ses capacités et motivations présentes et des sollicitations du milieu. Dans la perspective dialectique de K.F. Riegel (1976), le milieu se modifie en fonction des transformations de l'individu, ce dernier étant l'agent de son propre changement.

E. Ainsi, il est plus acceptable, quoiqu'encore contestable, de parler de *vieillissement naturel* que *de vieillissement normal* dont l'emploi, comme celui de *vieillissement pathologique*, devrait être restreint, voire supprimé. Nous nous en expliquerons par la suite. Il est certes possible de considérer un *vieillissement physiologique* comme modification du fonctionnement de l'organisme humain au cours de la vie. Quant au *vieillissement différentiel*, il soutient une conception particulière du vieillissement concernant les différents systèmes ou fonctions attribués à cet organisme, sachant que les fonctions ne sont pas déterminées par leur nature, mais établies sur la base de ce qui ne fonctionne pas et que, de plus, elles résultent d'une intellectualisation de ce qui est observé. Elles n'existent pas antérieurement à cette mise en forme.

En gérontologie sociale, le *vieillissement démographique*, comme le souligne P. Paillat (1996), concerne l'augmentation de la proportion de personnes âgées dans une population quelle qu'elle soit, nationale, régionale, locale ou sectorielle. Cette proportion pourrait diminuer alors que la population âgée étudiée augmente numériquement. Il est alors convenu de parler de *rajeunissement*. Le vieillissement démographique peut tenir à une diminution des jeunes. Il s'agit d'un *vieillissement par la base*. Lorsqu'il tient à une augmentation plus que proportionnelle des âges, il est dit *vieillissement par le sommet*.

Les mots susceptibles d'indiquer diverses autres modalités du vieillissement, tels que ceux d'*enfance*, d'*adolescence*, d'**adultescence**, de **maturescence** et de **sénescence** méritent de n'être employés que dans le sens d'une évolution processuelle.

F. Rappelons, à ce propos, le contenu ancien du terme de **sénescence**. Longtemps utilisé à la suite d'une définition d'A. Porot (1952), puis repris par N. Zay (1981), il indiquait « la perspective biologique sous laquelle apparaît, dans son âge avancé, l'homme qui a les attributs d'une santé normale », perspective qui répondrait « à des modifications morphologiques, physiologiques, psychologiques et sociales, progressives et à peine perceptibles, qui seraient consécutives à l'action du temps sur l'organisme des êtres vivants».

Outre la remarque stipulée antérieurement sur l'usage qui y est fait de la notion de *temps*, cette définition ne tient pas compte du fait que le qualitatif de *«biologique»* s'adresse à une étude de la vie et que, de ce fait, il inclut obligatoirement le soma et la psyché qui ne sont que des distinctions opérationnelles pour étudier l'être humain. Il n'a donc pas le sens limité que l'on lui accorde ici. Il conviendra aussi de revenir sur l'emploi controversé qui est fait du substantif de *«santé»*, qualifiée abusivement de *«normale»* dans la définition sus-indiquée.

Il est, par ailleurs, évident que la sénescence semble s'adresser là plus à une étape de l'existence, celle de la vieillesse, qu'à un processus, celui du vieillissement dont on sait qu'il concerne tous les âges puisqu'il commence avec la vie. Même si, pour certains comme F. Bourlière (1982), la sénescence doit être considérée comme le synonyme de vieillissement, la première apparence de la sénescence reste le plus souvent celle d'une période de la vie, celle de la vieillesse.

C'est donc le lieu de déterminer, à différents âges, pour les bien identifier, la nature des changements que subit l'être vivant et qui sont le fait du vieillissement. Il devient alors impératif, pour des raisons de clarté, de ne regarder *la sénescence que comme le vieillissement dans la période de la vieillesse, donc comme un processus*. De la même façon, la maturescence ne devrait être employée que pour signifier le vieillissement dans l'âge de la maturité.

G. Quant à la *gérescence*, terme qui, selon P. Paillat déjà cité, aurait été proposé par P. Clerc, elle est, selon le décret français du 13 mars 1985 sur l'enregistrement du vocabulaire concernant les personnes âgées, le processus de vieillissement d'une population. Elle concerne tous les âges sans exception. Il s'agit d'une notion qu'il semble avoir été nécessaire d'introduire pour promouvoir l'essor de certaines recherches en gérontologie sociale. Il y a alors lieu de s'interroger sur ses déterminants qui peuvent, en effet, être soit ceux d'additions de traits individuels, soit, au contraire, ceux de leur transcendance dans une dynamique différente qui serait celle de la gérontologie sociale.

H. En fonction de ce qui vient d'être dit, il est évident qu'une définition du vieillissement, telle que celle proposée par L. Robert (1995) n'est nullement acceptable dans la conception que nous défendons de la psychiatrie gériatrique. Cette définition, considérée par son auteur comme la meilleure, indique que «le vieillissement est caractérisé par l'incapacité progressive de l'organisme à s'adapter aux conditions variables de son environnement» et que «les mécanismes (qui y sont) impliqués présentent tous les caractéristiques suivantes : ils sont progressifs, nuisibles, irréversibles, et généralement communs à de nombreux organismes». Il est ajouté que les caractéristiques sus-citées «ne sont pas forcément identiques d'une espèce à l'autre» et que «ce déclin concerne de façon très inégale les différentes fonctions de l'organisme». De surcroît, cette définition reposerait sur «l'acceptation tacite d'un vieillissement normal sans pathologies, distinct du *vieillissement accéléré* ou *abrégé par les maladies*».

Il serait évidemment plus correct de dire, sans interprétation excessive, que «le vieillissement est caractérisé par la *manière*, dont l'organisme s'adapte aux conditions variables de son environnement». Le mécanisme *progressif* dépend des facteurs retenus par ceux qui veulent en juger. Le qualificatif de *nuisible* est directement lié à la notion d'incapacité et n'a plus le même sens si on valorise celle de capacité. Quant à l'*irréversibilité*, elle contredit la valeur du changement qui devrait rester neutre. Le déclin invoqué dans la définition de L. Robert ne peut soutenir un programme de soins convenable. Les inégalités de déclin ne valent d'ailleurs que si l'on considère les fonctions de l'organisme comme des données *a priori*. Or, comme nous l'avons déjà dit, elles ne le sont pas.

Si, de plus, le vieillissement considéré dans la définition rapportée et qualifié de *«normal»* est un vieillissement *«sans pathologies»*, il s'exclut d'une querelle de mots tout en posant le problème de la signification du «normal». Quant au vieillissement dit *«accéléré»*, il nous ramène à une conception défendue par J.G.F. Baillarger au cours du XIXe siècle qui en faisait un des traits de la démence sénile. Il crée, pour ce qui pourrait être admis du vieillissement, la même confusion que l'accélération attribuée à la progeria (ou progérie) décrite en 1904 chez l'enfant par Gilford comme un infantilisme avec insuffisance polyglandulaire taxé de sénilisme et plus tard chez l'adulte comme syndrome de Werner.

I. Gardons donc de la *vieillesse* l'idée que c'est une étape de l'existence et l'état de l'organisme qui la vit et que le *vieillissement* est le processus de changement qui accompagne un individu ou une collectivité dans leur devenir, qu'il soit fini ou non.

Comme cela a déjà été relevé, à cette signification originelle, toutes les attributions sont possibles qui en fléchissent le sens. Elles sont même capables de donner un contenant à un nouveau contenu original. C'est ainsi que dans «Médecine de l'Homme» (1982), M.-J. Imbault-Huart se permet de développer, à propos de la vieillesse et du vieillissement en Occident, un quadruple point de vue, biologique, existentiel, social et politique sur l'homme dont vieillesse et vieillissement sont l'alibi ou le faire-valoir. La vieillesse comme *phénomène biologique* lui semble poser une interrogation à la connaissance scientifique. Comme *phénomène existentiel*, elle modifierait «la relation de l'homme au temps, en lui imposant un nouveau rapport au monde, un nouveau rapport à sa propre histoire et un nouvel univers relationnel». La vieillesse y est encore vue comme *phénomène social*, puisque toute société dicte un statut aux membres qui la composent. Enfin, elle devient *phénomène politique* dans nos sociétés industrielles et post-industrielles.

Chapitre 4
Acrotères de la pathologie mentale de l'âgé

A. Les éléments, sur lesquels s'appuie intrinsèquement la connaissance de la pathologie mentale de l'âgé, forment le soubassement notionnel de la pratique de la psychiatrie gériatrique. Certains d'entre eux méritent une nouvelle revue de détails. En effet, qualifier un processus de *pathologique* et lui accorder l'appellation de *mental* sert de base à la définition de la **sénilité** et de la **gérité**.

Parler de pathologie mentale de l'âgé, c'est d'abord faire état de l'*affection* ou *mal* et la différencier de la **maladie**. C'est se prononcer ensuite sur la nature du **pathologique**, qui n'est, comme nous le verrons, ni l'antonyme du normal, ni de celui de santé. Quant au qualificatif de **mental** (ou *psychique*), attribué à l'affection ou à la maladie, il suppose de son côté que, dans notre culture, le médecin ait effectué *a priori* et à titre d'hypothèse de travail pour être opérationnel une distinction chez l'homme entre ce qui a trait à son corps en tant que matière vivante (*soma*) et ce qui est essence et expression de son être comme réalité pensante guidant ses comportements et ses conduites (*psyché*).

Peut alors être d'abord tenu pour **pathologique** le processus morbide qui relève d'une atteinte lésionnelle de l'organisme vivant. Cette altération peut être à l'origine d'une souffrance. Elle est ce qui fait souffrir et ce dont on souffre. Mais est aussi pathologique ce qui a trait à une atteinte fonctionnelle de l'organisme qui peut ne pas toucher son intégrité physique. Enfin est encore pathologique l'événement ou la situation que le médecin décide de traiter comme pathologique, parce que cela lui permet de recourir à un raisonnement qui lui est propre et de l'introduire dans une stratégie d'action dont ceux qui l'ont instruit ont déjà rapporté les effets thérapeutiques bénéfiques et dont il a pu expérimenter et jauger par lui-même les résultats positifs.

Dans ce cadre, l'*affection* (ou *mal*) est le support de ce qui est pathologique. Elle a une réalité. Ce qui n'est pas le cas de la *maladie*. Cette dernière n'est, en effet, que le fruit du jugement de valeur que, dans la mise en œuvre de sa technique, le médecin utilise pour recourir à la procédure lui permettant de proposer au patient la solution thérapeutique la plus adéquate.

Vieillesse et vieillissement ne peuvent être assimilés ni à l'affection ni à la maladie, car ils n'en ont aucun des caractères. Certes, plus le sujet vieillit, moins il est à l'abri de l'apparition d'affections dont l'évolution peut être seule responsable d'une issue fatale, quoiqu'après un certain âge qui a été situé dans la neuvième décennie, il semble pouvoir échapper à certaines d'entre elles dont il pouvait être victime plus tôt. Ainsi, la *longévité* reste toujours une victoire sur la *finitude* et la mort.

La *sénilité*, quant à elle, désigne toute pathologie observée dans la vieillesse. Rappelons encore à ce propos que s'il y a un vieillissement physiologique, il n'y a pas, sauf par abus de sens, de *vieillissement pathologique*, mais un *vieillissement «du» pathologique*.

Il est plus difficile, comme cela apparaît chez N. Zay (1981), d'admettre que la sénilité n'a pas d'âge déterminé et qu'elle peut être précoce ou tardive, car ce serait la lier abusivement au vieillissement. Si, cependant, en dehors de la progeria de Gilford ou du syndrome de Werner déjà cités qui, bien que considérés comme le produit d'une sénilité précoce, posent un problème très différent, on tient à distinguer une *sénilité précoce* ou *tardive*, cela ne peut être que dans l'âge de la vieillesse.

Quant à la *gérité*, elle s'adresse autant à l'état pathologique d'une population vieillie qu'à celui d'une population qui est en train de vieillir.

B. L'antonyme du pathologique est ce qui ne l'est pas et rien d'autre. Ce n'est pas le *normal* dont le contraire est l'anormal. Car l'anormal n'est pas obligatoirement pathologique. Il est cependant regrettable qu'à propos du normal et du pathologique, que l'on ne peut considérer comme étant de même essence, se soit produit, par une sorte de raisonnement analogique, un télescopage de sens inadmissible.

a) Le terme *«normal»* est très problématique, car il qualifie le plus souvent ce qui se rencontre dans la majorité des cas ou ce qui constitue soit la moyenne, soit le module, la proportion ou la dimension relative d'un caractère mesurable. Ainsi, est normal ce qui est conforme à une règle. Mais tantôt le normal désigne une valeur attribuée à ce fait par celui qui parle en vertu d'un jugement apodictique ou d'un jugement d'appréciation qu'il prend à son compte.

La *normalité statistique* peut être un cadre utile, mais non une cote ou une estimation. L'aliéné comme le génie sortent de la moyenne. Il existe aussi une normalité du développement de certains handicapés comme les phocomèles et les aveugles congénitaux.

Souvent, la normalité finit seulement par indiquer qu'il y a une absence d'*anomalies*. Or, l'*anomal* ne peut être confondu avec l'*anormal*. Car s'écarter de la norme n'équivaut nullement à être contraire à la norme ou différent d'elle.

b) On ne peut pas non plus confondre *normalité et perfection*, car un individu imparfait peut utiliser ses potentialités de façon adéquate et adaptée au milieu où il vit. Il faut aussi reconnaître que le normal ne coïncide pas toujours avec le *souhaitable*.

On ne peut pas non plus assimiler *normalité* et **bien-être**, car un individu peut se sentir dans un parfait état de bien-être, alors que, sur le plan des conduites par exemple, il a perdu, comme dans l'état maniaque ou délirant, tout contact avec la réalité et se comporte de façon inquiétante pour l'entourage.

c) Les **critères admis socialement** ne suffisent pas non plus à définir la normalité.

La tolérance à un même comportement est, en effet, différente selon les cultures. Il suffit, à cet égard, de se référer aux publications de R. Benedict (1934) pour disposer de faits qui, considérés comme pathologiques en Occident, sont tout à fait admis dans des sociétés autres que les nôtres. C'est le cas de l'homosexualité des sociétés à berdaches, du caractère paranoïaque des cultures mélanésiennes et de l'approbation de la mégalomanie chez les kwakiult. Une **déviance** sociologique n'est donc pas obligatoirement anormale.

Il ne faut pas en déduire que la culture crée ou empêche l'existence d'affections mentales. Mais il est certain que la culture permet une forme particulière de vie conflictuelle. On sait ainsi que la toxicomanie varie avec la réglementation de la vente de toxiques et avec les dispositions judiciaires prises contre le trafic de drogues et que les épidémies d'hystérie ont pris, à certaines époques, une acuité considérable, comme chez les possédés de Loudun et les convulsionnaires de Saint-Médard.

Certains symptômes ou syndromes ne paraissent donc pathologiques que dans un cadre culturel donné et dans un contexte historique précis.

Sans admettre les idées de T.S. Szasz (1975) d'après lesquelles la maladie mentale envisagée par lui en tant qu'affection psychique et non comme élément de procédure, ce qui est très différent, n'est qu'un mythe dont le rôle est de faire accepter les conflits moraux nés des relations humaines, ni celles de l'antipsychiatrie développée en particulier par D. Cooper (1970) qui tentent de bouleverser les notions du normal et du pathologique en affirmant que c'est la société qui est malade et que ceux que nous regardons habituellement comme malades sont normaux, il faut bien constater qu'il existe un jeu subtil entre le médecin et la société.

Dans son essai sur la sociologie des maladies mentales, prises aussi dans le sens reconnu à l'affection, R. Bastide (1965) relève que le médecin tend à élargir les catégories de maladies psychiques, à rendre le public plus sensible à des troubles légers et qu'on attribuait autrefois à la «bizarrerie» ou à l'«originalité». Le médecin semble parfois accepter la définition populaire de la maladie mentale. Il tente de l'expliciter ou de la raffiner. Il introduit des catégories dans la «folie» et ces catégories sont souvent à l'intérieur du groupe qui lui est désigné comme atteint de «folie» par le jugement commun. Il risque de réduire la tolérance de l'entourage au malade mental. Il ne faut pas que la gêne de la liberté d'autrui devienne, comme le fut longtemps la dangerosité, un critère essentiel de l'affection psychique.

d) Il est également difficile d'admettre une *conception «gradualiste» de la normalité*, telle que la défendait F.V. Broussais (1822) quand il affirmait que le phénomène de maladie coïncidait fondamentalement avec celui de la santé, dont il ne différait jamais que par l'intensité. Mais quel genre de progression peut-il y avoir entre l'absence et la présence d'une maladie infectieuse? Peut-on dire que le délire n'est qu'un degré du mode d'être d'un sujet normal? Si le fait de vieillir conduit inéluctablement d'un état psychique exempt de pathologie à l'état démentiel, il convient alors d'accepter soit qu'il constitue un degré premier de la démence, soit que la démence ne soit plus considérée comme pathologique.

e) La normalité *ne peut enfin être perçue comme un état linéaire et définitif*. Elle implique des oscillations.

Tout essai de définir la normalité selon un point de vue fonctionnel dépendra du modèle de fonctionnement du sujet et de la téléologie que nous lui conférerons. C'est ainsi que les affections du système nerveux sont envisagées par H. Jackson comme des dissolutions de fonctions hiérarchisées et que, dans la conception gestaltiste de K. Goldstein, la maladie est « une nouvelle dimension de la vie ».

Est-il aussi nécessaire d'insister sur la signification que S. Freud donne à la régression ? Une déstructuration capacitaire, une *involution* de la personnalité vers un niveau inférieur sont, pour l'enfant, des expériences indispensables à sa maturation.

Cette capacité de passer à des états d'organisation différents rejoint, dans la définition de la normalité, celle de l'*adaptation* de l'organisme au milieu ambiant. La dynamique de l'équilibre entre l'individu et le milieu se retrouve aussi bien sur le plan somatique, dans lequel chacun sait, par exemple, que la signification de la polyglobulie n'est pas la même en haute montagne et en plaine, que, sur le plan psychique, dans les processus d'assimilation et d'accomodation cognitifs de J. Piaget ou dans ceux de l'ajustement de l'imaginatif au réel chez C. Rycroft (1968).

H. Pequignot (1960) rappelle toutefois, à ce propos, les échecs de ceux qui ont essayé de construire une science du normal « sans observer à partir du pathologique considéré comme la donnée immédiate ».

f) Pour montrer les excès auxquels une intellectualisation abusive des faits a conduit, rappelons que, dans l'âpre discussion qui s'est engagée sur le normal et le pathologique, on en est arrivé à considérer le conformisme adaptatif comme *« pathologiquement normal »* et l'état de régression comme *« normalement pathologique »*. On voit le risque que l'on court à chaque instant de s'enferrer dans de futiles querelles idéologiques.

g) Il est nécessaire de préciser que le terme de *physiologie*, dont le champ d'investigation est le fonctionnement d'un organisme, est, de manière incorrecte et particulièrement en langue française, employé comme l'équivalent de normal. Notons que la psychologie et la psychogérontologie, qui visent un fonctionnement et non une normalité, font partie de la physiologie. Cette équivoque, sur laquelle nous nous arrêterons plus tard, n'est pas sans conséquences sur la représentation que l'on se fait encore tant dans les milieux scientifiques et professionnels que dans la communauté du rôle respectif de la psychiatrie gériatrique et de la psychogérontologie.

h) Quoiqu'il en soit, le concept de *normativité* biologique introduit plus tard (G. Canguilhem, 1943) a, sur celui de normal, l'avantage d'être inséré dans un système de valeur et de tenir compte des capacités de l'individu à riposter à un monde complexe et mouvant, à inventer à chaque instant de nouvelles normes de conduites, à changer ses modes de réaction et à modifier ses conditions de vie. Il y a, en effet, une affection qui peut naître de l'uniformité incorruptible du normal, de la privation de l'affection et d'une existence quasi incompatible avec elle. *On peut ainsi être paradoxalement malade de ne pas vouloir l'être.* En ce sens, l'acceptation de l'affection pourrait être considérée comme une preuve d'équilibre.

C. Lorsque l'on aborde le problème de la *santé*, l'embarras tient à la nécessité d'une transposition de données simples et bien comprises dans leur acception générale et populaire en données scientifiques. Ces dernières doivent, en effet, permettre d'offrir plus vite et de manière plus fiable les ressources qui peuvent être immédiatement profitables à l'être humain dans ses circonstances actuelles d'existence.

C'est à ce niveau qu'apparaissent, de la façon la plus évidente, les difficultés de communicabilité de l'homme avec lui-même d'une part et avec ses congénères d'autre part, c'est-à-dire celles de l'individu avec ce qu'il vit, donc ressent au plus profond de lui-même, et celles qui se produisent dans ses relations avec l'autre.

C'est aussi à cet endroit qu'est peut-être le plus visible et que risque d'être le mieux saisi un des progrès essentiels de la trajectoire évolutive de l'homme dont on sait qu'elle se prolonge au-delà du temps de vie le plus habituel de chacun d'entre nous dans celle de l'humanité.

Derrière une étude conceptuelle de la santé et de la santé mentale qui implique, de façon aussi fondamentale, le vocabulaire, il convient d'être prudent pour ne pas s'enfermer dans le discours et découvrir quelques projets d'action applicables sans délais à la population âgée elle-même.

a) Contrairement à ce que l'on croit couramment et hors du sens commun, le concept de santé, tel qu'il a été défini, en particulier par l'OMS, n'est nullement un concept médical. Il n'est pas l'absence d'affections. Il ne guide pas la démarche du médecin, bien que ce dernier concoure indirectement à la santé dans son acceptation la plus courante.

Lorsque l'OMS parle, depuis plusieurs décennies, de la santé comme d'un *« état de complet bien-être physique, psychique et social, qui n'exclut pas la présence de maladies ou d'infirmités »*, il serait bien tout d'abord que soit acceptée la substitution du terme d'affection à celui de maladie. Ceci admis, c'est pourtant sur cette notion de santé que s'est constituée une démarche qui se veut spécifique et complémentaire de la démarche médicale, celle des professions dites de santé. Nous ne nous étendrons pas ici sur ce fait. Relevons seulement que c'est à partir de ce concept de santé que chaque profession de santé a, sur des concepts secondaires et qui se veulent également spécifiques, institué ses propres distinctions.

Plus récemment, F. Gutzwiller et O. Jeannneret (1996) soulignent que, dans la Charte d'Ottawa (1991), la santé est *« la mesure dans laquelle un groupe ou un individu peut, d'une part, réaliser ses ambitions et satisfaire ses besoins et, d'autre part, évoluer avec le milieu ou s'adapter à celui-ci. (Elle) est donc perçue comme une ressource de la vie quotidienne et non comme le but de la vie. Il s'agit d'un concept positif mettant en valeur les ressources sociales et individuelles, ainsi que les capacités physiques ».* Cette formulation améliore peu l'usage pratique et scientifique du concept.

b) Quand on passe de la notion de santé à celle de **santé mentale**, on ajoute une distinction supplémentaire, celle qui sépare le soma (ou corps) de la psyché (ou esprit ou âme). Cette distinction ne doit plus être comprise dans une optique philosophique ou théologique, mais, comme nous l'avons déjà noté, dans une optique opérationnelle de soin et de traitement.

En effet, pour pouvoir aborder la connaissance de l'homme avec nos faibles moyens d'hommes limités par notre constitution, il nous faut mettre en place une conduite d'appui à laquelle il nous soit possible de recourir. Celle-ci, pour imprécise qu'elle soit, doit être en mesure de faciliter l'émergence d'un savoir dont l'homme peut être le bénéficiaire. Il est donc tout à fait inutile, dans une sorte de tentative unificatrice, de vouloir chercher à nouveau à faire fusionner ces notions de corps et d'esprit qui, pour certains, morcellent l'individu, alors que l'on s'est efforcé de les isoler pour mieux opérer.

D. Quoiqu'il en soit, la **santé mentale** s'entend même en présence de handicap, d'affection psychique ou de maladie mentale. En fait, la maladie mentale, comme nous l'avons rappelé plus haut, n'a pas de réalité *stricto sensu*, puisqu'elle est essentiellement procédurale et soumise aux variations de l'évolution des concepts dont certains sont dépassés ou devenus inopérants et doivent être abandonnés et d'autres ont dû être modifiés ou introduits pour s'accorder aux besoins d'une méthodologie nouvelle.

a) La *santé mentale* n'est pas un « état de bien-être » dont il est particulièrement délicat de saisir les contours et dont il faudrait approfondir la signification. Il est bien difficile d'assimiler la santé mentale au *bonheur* et à la *satisfaction*. Comme le remarque F. Cloutier (1997), le fait d'être malheureux n'est nullement incompatible avec une excellente santé mentale. Par ailleurs, nous avons déjà rappelé que le psychiatre connaît des patients qui, dans leur délire ou dans leur excitation, se sentent dans un parfait état de bien-être.

L'enchaînement du bien-être à d'autres concepts aggrave encore cette situation, en particulier lorsque l'on doit le rapporter à un découpage, tel que celui d'une conception biopsychosociale, qui oublie que le psychologique, comme étude d'un aspect de la vie, fait partie, ainsi que l'a justement soutenu J. Piaget, du biologique.

b) Les rapports de la santé mentale avec la notion de normalité sont attachés à une autre problématique dont la santé mentale a de la peine à se dégager. Lier la santé mentale à la normalité, c'est définir un terme par autre déjà bien difficile à spécifier.

Chercher à circonscrire la santé mentale n'est pas primordial si l'on en attend seulement une avancée sur l'essence même du concept. Il le devient si l'on vise à mieux cerner le cadre dans lequel peut être entreprise l'amélioration de certaines conditions existentielles de chaque individu.

c) Pour en montrer les limites, nous ferons état de quatre autres définitions de la santé mentale, tout en sachant que celles qui sont proposées se ramènent à considérer la santé mentale soit comme une manière d'être, soit comme l'addition de virtualités.

La première de ces définitions a été discutée au cours du Troisième Congrès de la Santé Mentale à Londres (1948). La deuxième est celle P.H. Chombart de Lauwe (1978), citée par C. Leroy (1984), qui ne serait que l'application d'idées qu'il avait développées dans *« La culture et le pouvoir »* (1975). Les deux dernières sont, d'une part, celle qui est retenue par le *Dictionnaire de Médecine Flammarion* (1994) et, d'autre part, celle qui a été attribuée à J. Sutter dans le *Grand Dictionnaire de la Psychologie Larousse* (1996).

La première définition comporte les clauses suivantes :
– La santé mentale est l'état qui permet le développement optimal, physique, intellectuel et affectif de l'individu dans la mesure où il ne gêne pas le développement de ses semblables.
– C'est l'état de développement qu'une bonne société offre à ses membres, tout en progressant elle-même et en se montrant tolérante à l'égard des autres sociétés.

Pour insuffisante qu'elle soit, cette première définition permet de présenter le problème que l'on veut pointer.

La deuxième définition, celle de P.H. Chombart de Lauwe, assimile la santé mentale au rapport existant entre une société organisée, institutionnalisée et un vécu. « Le décalage existant entre les deux, ajoute son auteur, fait naître un conflit, quand il est trop marqué ou quand le sujet y est prédisposé ». Le thème du vécu serait autant individuel que collectif.

Dans le *Dictionnaire de Médecine Flammarion*, la santé mentale est décrite comme « l'aptitude parfaite à nouer des relations harmonieuses avec ses semblables ».

Pour J. Sutter, la santé mentale est « l'aptitude du psychisme à fonctionner de façon harmonieuse, agréable, efficace et à faire face avec souplesse aux situations difficiles en étant capable de retrouver son équilibre ».

E. *Etre en bonne santé mentale suppose donc un état d'équilibre perçu comme agréable qui permet de faire face aux événements, de résoudre ses conflits et de résister aux diverses frustations habituelles dans une vie avec les autres sans perdre le contact avec la réalité.* Cela sous-entend aussi l'optimalisation des possibilités d'expression d'un projet de vie individuelle à l'intérieur d'un groupe dans un contexte socio-culturel et un environnement déterminés. Cela implique encore l'optimalisation des possibilités d'expression d'un projet de vie sociétal.

Etre en bonne santé mentale, cela correspond, pour soi et pour les autres, à la réalisation et à la perception du maintien d'un équilibre de vie et, en premier lieu, d'un fonctionnement adéquat de l'organisme à chaque phase de son existence. Cela réclame aussi l'acceptation de ses imperfections, de ses faiblesses et de sa fin. Cela comporte encore celle de tous les avatars de l'existence. Cela exige des prises de distance raisonnables sur les événements que l'on vit et la manière dont on les reçoit, c'est-à-dire une faculté d'en compenser ou d'en amortir le retentissement personnel, en particulier affectif. Cela englobe ainsi un contrôle efficace de ses propres tensions internes et une évaluation réaliste de sa situation.

Etre en bonne santé mentale, c'est donc régulariser l'impact de ce que l'on subit. C'est choisir ce qui peut être facteur d'échange et se choisir comme facteur d'échange. C'est savoir ce qui doit être communiqué et ne pas l'être, pour se mieux supporter, pour mieux faire face aux aléas du milieu dans lequel on vit et pour ne pas faire subir aux autres ce que l'on doit endurer. C'est apprendre les multiples modalités d'un partage.

C'est aussi écouter sans tout entendre. C'est souvent soutenir l'autre, mais aussi savoir accepter l'aide qui nous est offerte. C'est surtout aménager et s'aménager un certain degré d'indépendance dans la dépendance. C'est préserver et exercer ses capacités d'auto-gestion et d'efférence, c'est-à-dire de créativité.

Le concept de santé mentale ne peut donc être que l'approximation, lors d'un trajet existentiel, d'une subjectivité de ce que l'on croit et que l'on ressent comme bon en un temps donné. Il est lié à la dynamique du devenir de l'humanité et de ses systèmes de pensée. Il représente ce qui doit concourir au juste épanouissement de la personnalité de chacun et à une liberté de se choisir. Il est ce qui autorise une bonne intégration naturelle à une collectivité. Il pointe le respect de l'originalité propre des uns et des autres. Il pourrait s'évaluer sur une perception et une acceptation adéquate de soi et de son environnement, ainsi que sur une capacité à bien intégrer ce vécu.

F. La santé mentale est un concept qui marque une intention et un espoir. Lorsque l'on se préoccupe de la santé mentale (au sens large) d'une population, en particulier âgée, soit la ***santé publique***, on se préoccupe d'abord d'une meilleure adaptation des personnes et des groupements communautaires.

Il y a alors plusieurs manières d'y participer. Nous avons vu la spécificité de l'approche médicale et ses limites. Nous avons noté que la démarche de santé qui ressort non seulement à l'action des professionnels de la santé, mais aussi à celle des politiciens et administrateurs de la santé publique, est, quant à elle, différente et complémentaire. Elle ne peut pas plus se substituer à la première que cette dernière valoir pour elle. La participation de l'individu lui-même à ce qui se trame pour lui est essentielle dans les deux cas, de même que celle de la famille et de l'entourage immédiat.

Chaque démarche peut avoir ses excès. Elle relève d'une socioculture qui en relativise l'émergence et met en évidence la multitude des leviers auxquels il pourrait être fait appel pour la rendre la meilleure possible dans l'intérêt de celui ou de ceux qui, tôt ou tard, en seront l'objet ou les bénéficiaires. Il semble alors démontré que si, sur le plan thérapeutique, la connaissance peut précéder l'action, l'inverse est tout aussi possible, puisque, en particulier chez l'âgé, l'action est bien souvent un des premiers modes d'accès à un savoir dont il faut habilement apprendre à profiter. De la même façon, il semble bien que c'est aussi dans l'action que peut se préciser le concept même de santé mentale.

Il n'en reste pas moins que le fait de ne pas mélanger les registres idéologiques et d'être capable d'en changer aussi souvent que cela s'avère utile sans tomber dans la confusion est primordial. Ceci suppose d'excellentes capacités de décentration. Celles-ci et la possibilité pour chacun d'apprendre, dans une vie active, à s'en bien servir, sont parmi les premiers facteurs d'adaptation au milieu de l'être qui vieillit. Encore faudrait-il que l'on puisse mieux connaître les besoins en santé mentale qui sont généralement fonction d'une nécessité encore plus ou moins bien perçue par l'individu ou son groupe social.

Chapitre 5
Options du psychiatre de l'âgé vis-à-vis de la psychologie pathologique, de la psychopathologie, de la pathopsychologie et de la polypathologie

A. Il est indispensable de former et d'agréer, dans la pratique, des soignants qui sachent changer de points de vue, d'objectifs, de méthodes et de vocabulaire quand ils changent de champs d'intervention et non, comme cela est parfois le cas, des «psychiatres psychologisants» ou des «psychologues psychiatrisants». C'est alors que, pour bien différencier, sur le plan de la pathologie mentale, l'approche du psychiatre de celle du psychologue, il convient de s'arrêter quelques instants sur le rôle identifiant des trois concepts que sont la *psychologie pathologique*, la *psychopathologie* et la *pathopsychologie*.

a) Selon G. Dumas (1923), la *psychologie pathologique* est la discipline qui permet au psychologue de recueillir, dans le champ de la pathologie mentale, l'information qui lui est nécessaire pour mieux connaître le fonctionnement psychique de l'homme qui n'a pas de pathologie et qui, en ce qui nous concerne, vieillit et est vieux. Mais on a aussi affirmé (A. Lalande, 1960) que son but essentiel était «de déterminer entre les phénomènes des rapports ou des lois élémentaires, qui soient valables, selon le principe de C. Bernard, aussi bien pour l'état normal que pour l'état morbide», l'objet de la psychiatrie étant de «constituer des types cliniques, d'en suivre l'évolution, et d'en préparer la thérapeutique». S'il en était ainsi, la psychologie pathologique serait un champ d'action accessible aussi bien au psychiatre qu'au psychologue. C'est dans ce sens que peut être compris le fait, souligné par J. Thuillier (1996), qu'«au XIXe siècle, T. Ribot préconisait une *psychologie du pathologique*». Il y est précisé qu'à cette dernière, E. Minkowski assignait la compréhension de l'expérience vécue du malade mental «sans référence à la psychologie normale» et en distinguait une «*pathologie du psychologique*» propre à la psychopathologie.

Pour éviter des conflits inévitables et superflus entre les deux professions sus-citées, celle du psychiatre et celle du psychologue, il est nécessaire que chacune d'entre elles garde son regard personnel dans le domaine observé, fondé sur des objectifs et une méthodologie qui assurent leur spécificité. Car disposer d'un territoire d'investigation commun ne signifie pas s'engager dans des activités identiques.

En dehors du terrain de la *psychologie médicale* sur lequel leurs compétences pourraient encore s'affronter, il est temporairement préférable que la psychologie pathologique reste le domaine privilégié du psychologue comme facteur d'élaboration d'une connaissance de l'activité psychique exempte d'altération morbide. Malgré le recours fait, dans la terminologie du moment, à la notion contestable d'«état sain», il semble bien que cette dernière option soit celle adoptée par A. Cuvillier (1956), lorsqu'il parle de la psychologie pathologique comme de la discipline qui étudie «les troubles mentaux en vue d'en dégager les lois de l'état sain».

b) La *psychopathologie*, quant à elle, est souvent considérée à tort comme le synonyme de pathologie mentale. Elle n'est pas, pour nous, ainsi que l'indiquent G. Lanteri-Laura et J.G. Bouttier (1983), le doublet de la psychologie pathologique. Elle n'est que la théorisation de la pratique psychiatrique. Elle appartient en propre à la démarche du psychiatre. Il arrive que le psychologue se l'approprie de façon abusive en investissant un champ qui n'est pas le sien. Le psychologue ne peut là que se préoccuper des attitudes psychologiques du psychiatre qui construit et utilise son savoir, son savoir-faire, son savoir-être et son faire-savoir. Il ne peut discuter de profils cliniques qui ne sont pas les siens. Il doit en retenir d'autres plus appropriés aux particularités de sa discipline. Il n'est pas habilité à «faire» du diagnostic psychiatrique. La psychopathologie ne fait pas partie des procédures du psychologue et n'est nullement justifiée par les moyens d'intervention qui sont les siens. Une remarque identique pourrait être adressée dans d'autres domaines à certains psychiatres qui font un usage inacceptable du savoir du psychologue.

c) Selon Munsterberg (1911), la *pathopsychologie* est cette «partie de la psychologie qui étudie les faits psychiques présentant un caractère morbide». C'est dire qu'elle cherche à caractériser à sa manière, avec le mode de pensée et la méthodologie qui lui sont propres, ce qui est mentalement pathologique par nature et à mettre en œuvre ce qui lui revient de thérapeutique. Elle serait opposée, par cet auteur et Specht, à la psychopathologie envisagée en tant que «partie de la pathologie qui étudie les maladies de l'esprit». Elle permet au psychologue d'offrir son savoir à l'analyse et à la solution de problèmes pathologiques qui lui sont soumis par le psychiatre. Le psychologue opère selon ses concepts en faisant appel à une lecture instrumentale et un langage qui lui sont personnels et distincts de la lecture et du langage médical. Ainsi, le psychologue pourrait donner sur le fonctionnement psychique d'un groupe de patients que le psychiatre considère comme atteints de maladie d'Alzheimer une interprétation comportementale qui lui soit personnelle et proposer des modes d'intervention qui lui sont spécifiques. A l'inverse de la psychologie pathologique qui fonde, pour le psychologue, celle du non pathologique, la pathopsychologie autorise le psychologue à servir le pathologique.

B. On tient souvent pour spécifique de la médecine de l'âge avancé la ***polypathologie*** qui affecte le patient âgé. Il est bon, à cet égard, de souligner que les traits des affections psychiatriques ne peuvent être tout à fait assimilés à ceux des affections somatiques. Ceci est d'autant plus vrai que la ***nosologie*** qui ne peut être considérée comme finie en ce sens qu'elle est plus de type «*nosologie-boussole*», donc d'orientation, que de type «*nosologie-système*» et ainsi achevée, répond difficilement en psychiatrie aux exigences de la pratique de la psychiatrie infanto-juvénile d'une part et de la psychiatrie gériatique d'autre part. Il suffit par ailleurs, ce qui est toujours possible, de démultiplier les caractères d'une affection psychiatrique en en modifiant la conceptualisation ou d'une maladie mentale en diversifiant encore plus les types cliniques pour bouleverser les rapports respectifs des pathologies somatique et psychiatrique qui sont fréquemment invoquées comme données de référence. Il y a donc des limites évidentes à l'emploi de la notion de polypathologie pour ne pas banaliser le savoir géropsychiatrique. Son usage est ainsi parfaitement admissible lorsque l'on reste dans un mode de pensée plus homogène, tel celui qui oppose le physique et le psychique. Mais c'est rarement dans ce sens que l'on a l'habitude de s'y rapporter.

Ainsi, seule la psychopathologie relève du domaine du psychiatre de l'âge pour conceptualiser et guider sa pratique médicale. Psychologie pathologique et pathopsychologie étayent le domaine et la pratique du psychogérontologue. Pour être autorisé à passer d'un champ de pratique à l'autre, il est donc nécessaire d'adopter dans chaque cas un mode de pensée distinct qui répond à des exigences méthodologiques précises et à une connaissance bien identifiée. Quant à la «*polypathologie*» de la gérontologie médicale, il est essentiel d'admettre, pour éviter tout vain discours, qu'elle n'est pas de même nature pour la médecine somatique et la psychiatrie gériatrique et que, de ce fait, elle ne peut être sujette ni à comparaison ni à addition. Elle est, en effet, déterminée dans cette dichotomie par des critères qui ne dépendent pas des mêmes choix catégoriels.

Chapitre 6
Les modèles d'édification de la psychiatrie gériatrique

L'emploi de modèles est nécessaire pour l'essor d'un savoir. Ces modèles sont de nature différente. Avant et afin de devenir spécifique et d'espérer pouvoir proposer un modèle qui lui soit propre, la psychiatrie gériatrique a dû s'interroger sur plusieurs modèles qui lui ont été dictés ou auxquels elle a volontairement pris l'initiative de se référer et qu'elle a choisi d'expérimenter. Elle a dû cependant se garder d'être amenée, par l'intermédiaire de recoupements trop élémentaires, à freiner la connaissance qu'elle se projetait d'éveiller. C'est ainsi qu'elle a été peu à peu confrontée au *somatomorphisme*, à l'*adultojuvénomorphisme*, au *normomorphisme*, à l'*infantomorphisme*, au *biomorphisme* et au *psychomorphisme* avant de s'en distancer plus ou moins selon l'intérêt qu'elle pouvait en tirer.

A. A l'instar d'autres domaines de la psychiatrie, la psychiatrie gériatrique a donc été poussée, au moins historiquement, à côtoyer un premier modèle dénommé *somatomorphique*.

Il est curieux de constater que la psychiatrie ait dû s'appuyer sur ce modèle pour confirmer son identité et se faire admettre comme une véritable discipline médicale. Mais il est vrai que le psychiatre a eu besoin et a encore besoin, dans certains cas, de coller, par ce biais, aux modes de raisonnement et au vocabulaire de la médecine dite somatique pour conserver son droit de cité dans le champ de la médecine. Ce peut d'ailleurs être une des conditions de sa pratique. Il n'en reste pas moins qu'il y a d'autres circonstances où ces modes de raisonnement ne peuvent être utilisés. C'est ce qui conduit à nuancer la façon la plus habituelle d'envisager le problème de la *causalité* en médecine.

Certes, il est une direction sur laquelle la médecine, et par conséquent la psychiatrie, n'ont pas à se prononcer. Si elles veulent être, elles ne peuvent être que rationnelles. Comme l'indique J.-C. Sournia (1969) dans *Mythologies de la Médecine Moderne*, «la tâche n'est pas commode. Les médecins doivent se détacher des liens magiques qui enserrent leur pensée, liens hérités des traditions ancestrales ou imposés par leurs contemporains... L'éducation du public, auquel ils s'adressent, est malaisée, toujours à recommencer et pourtant indispensable». Mais, ajoute-t-il, «l'homme n'est pas qu'un animal rationnel; ses pensées, ses sensations, ses actes sont guidés par autre chose que la raison. La médecine sera incomplète tant qu'elle ne s'occupera que de l'activité rationnelle de l'homme... Si elle veut exprimer des constatations... et en tirer des applications pratiques, elle ne pourra examiner l'irrationnel que d'une façon scientifique, rationnelle. Sinon, elle cessera d'être médecine pour devenir magie».

Il y a, selon le même auteur, deux situations principales, dans lesquelles nous devons nous défendre contre la pensée irrationnelle.

La première fait apparaître l'*obstacle substantialiste* qui consiste à croire qu'en inventant un mot, on a inventé une notion, bien qu'on sache qu'à une notion nouvelle doive correspondre un mot nouveau. Ainsi, rapprocher deux étymologies de genres différents peut déclencher un mouvement psychologique qui peut passer pour l'obtention d'une connaissance inédite.

La deuxième situation surgit lorsque nous cherchons à établir une *relation entre deux phénomènes*. Affirmer la relation de cause à effet entre les phénomènes soulève d'immenses difficultés méthodologiques qui ont été souvent analysées depuis C. Bernard dans le cadre de l'expérimentation médicale et, par exemple, par K. Goldstein (1951), à propos des phénomènes neuropsychiques.

Il faut alors se méfier à chaque instant du *finalisme*. Le finalisme est un excellent principe dans la mesure où il nous pousse à rechercher la cause ou le but des phénomènes, mais il est dangereux, car il mène facilement à l'*animisme* selon lequel il existe un «principe» ou «une force vitale» irréductible aux forces de la matière inerte.

Plus que le somaticien, le psychiatre ne peut se satisfaire d'une *causalité linéaire*, alors que c'est pourtant dans les suites des événements qui la supportent que son arsenal thérapeutique peut sembler avoir le plus de prise. Mais, en psychiatrie, la causalité stricte ne joue pas toujours. Il est alors indispensable de recourir à un mode de pensée interprétatif aboutissant à la compréhension d'enchaînements relationnels toujours relatifs. L'abord pluridimensionnel ou mieux interdisciplinaire des problèmes posés devient une nécessité. Ce n'est que le perfectionnement des connaissances qui pourra peut-être dénouer un jour l'écheveau des *causes multiples et de leur répercussivité circulaire* que nous avons l'habitude de rencontrer en psychiatrie. Le clinicien doit cependant jouer son rôle sans attendre. Il doit trouver, en particulier en psychiatrie gériatrique, une place dans son activité pour deux sujets : l'*épistémique* (qui, par une étude critique des sciences, cherche à déterminer leur origine logique, leur valeur et leur portée) et le *pragmatique*.

B. A côté du modèle somatomorphique qui concerne l'ensemble de la psychiatrie, la psychiatrie gériatrique s'est appuyée sur un deuxième modèle dit **adultojuvénomorphique**.

Il a fallu longtemps pour admettre que l'enfant n'était pas un petit homme ou, comme l'a écrit A. Binet (1911) dans *Les Idées modernes sur les enfants*, qu'il était autre qu'« un homme en miniature, homunculus, avec des atténuations en degré de toutes les facultés de l'adulte ». Il a fallu encore plus de temps, sur les plans séméiologique et thérapeutique, pour découvrir les inconvénients d'une simple transposition des problèmes de l'adulte jeune à l'adulte âgé. Cela pouvait apparaître comme un temps nécessaire qui ne devait être que liminaire.

L'abord du patient âgé se distingue de deux points de vue du patient plus jeune. Ces points de vue concernent l'un le malade et l'autre le soignant. L'attitude de l'être âgé vis-à-vis de lui-même et de l'affection qui l'assaille s'est progressivement et profondément modifié dans l'histoire des hommes. Elle se modifie aussi profondément dans sa propre histoire. De son côté, le soignant est souvent en présence du patient âgé, directement confronté à des problèmes existentiels auxquels il n'était généralement pas attentif.

Nous discuterons plus loin du symptôme, du signe et du diagnostic. Nous remarquerons toutefois maintenant, pour bien comprendre les relations de l'âgé et de celui qui participe à ses soins, qu'il n'est pas toujours facile de faire la part, dans la symptomatologie la plus classique, de ce dont le clinicien a vraiment besoin en psychiatrie gériatrique pour fixer sa conduite thérapeutique. Le clinicien se voit, en effet, gêné là aussi bien par la possibilité de *méconnaissance* que par celle de *sous-estimation*, de *majoration* et de *parasitage* de la symptomatologie.

Dans sa conception traditionnelle, celle-ci est souvent beaucoup moins évidente chez un patient âgé que chez un patient d'âge moins avancé. Dans la plupart des cas, elle doit faire l'objet d'une recherche active de la part du clinicien pour ne pas être *méconnue*. Quand enfin elle devient évidente, l'affection qu'elle sous-entend est le plus souvent à une phase avancée de son évolution. Un même trait clinique peut ainsi être la traduction unique de plusieurs affections, ce qui rend possible la *sous-estimation* de sa valeur clinique.

Majoration et *parasitage* de la symptomatologie semblent liés aux difficultés du patient âgé à exprimer ce qui l'afflige réellement et à se faire comprendre dans le sens qu'il souhaite. C'est par les variations comportementales qu'il extériorise ou s'impose et par les réactions qu'il arrive ainsi à déclencher chez l'interlocuteur que paraît se faire, dans les meilleurs cas, l'ajustement de la demande.

Le sujet âgé ne se sent plus un être en devenir comme l'adulte jeune, mais un être accompli. Il a «découvert» et n'a plus «à découvrir». Son état est vécu comme l'annonce d'une issue qui s'approche de manière irrémédiable ou comme sa fin. La vie n'est plus renouvellement, mais attente du «ne plus être». Tant que persiste cet état d'esprit qu'il est indispensable de corriger, le soignant qui aborde le soigné doit régler son attitude par rapport au type de relation que lui offre le malade. Le patient âgé lui suggère des préoccupations qu'il a su reléguer au second plan, des préoccupations «qui ne sont pas de son âge». Il le surprend en lui montrant toutefois que pour bien vivre il faut chaque jour mourir un peu. Il «l'implique» plus dans son existence propre que dans d'autres domaines de la médecine. La régulation, qui va s'opérer entre le soigné et le soignant, est bien singulière. Au lieu ou avant d'aborder de face les problèmes qui se posent ou que lui pose le patient âgé, le soignant risque d'adopter des conduites qui, fruits incontrôlés de son milieu socio-culturel, vont renforcer l'attitude naturelle du patient âgé et biaiser toute prise en soins. Il devient alors évident que le soignant se trouve en partie devant une symptomatologie qu'il provoque. Ceci ne facilite pas sa tâche et n'atténue encore en rien les exigences que l'on estime attendre de lui. C'est néanmoins de cette difficulté qu'il doit se sortir.

C. La psychiatrie gériatrique ne s'est pas encore complètement détachée d'un autre modèle, le modèle **normomorphique** qui est encore malheureusement le point de départ de nombreuses prises de position gériatriques.

Nous avons évoqué précédemment le problème, pour nous dépassé, du normal et du pathologique. Nous aimerions ajouter à ce propos que, si c'est C. Bonnet qui, en 1764, propose le terme de *psychométrie*, ce sont les tentatives réitérées de quantifier les faits psychiques pour la stastistique qui sont, semble-t-il, avec F. Galton (1879), le cousin de C. Darwin, à l'origine de l'incrustation de ce modèle dans l'esprit des cliniciens et des fondamentalistes.

C'est bien, en effet, autour des critères de *norme* et d'*intelligence* que, depuis lors, se sont orientées la plupart des essais de mise en relation des fonctions cognitives et de l'organisation fonctionnelle du cerveau. Lorsque l'on prit conscience de l'absence d'une définition univoque du concept d'intelligence, il sembla évident qu'il était difficile de ne pas dessiner arbitrairement, par simple convention, le contour d'un phénomène que l'on connaissait si mal.

L'introduction de la mesure dans l'étude des phénomènes mentaux parut devoir permettre de franchir les obstacles. L'intelligence fut définie par l'instrument de mesure, puis par la capacité d'adaptation de l'individu à des situations nouvelles. Mais se posa la question de pouvoir distinguer, dans les comportements des sujets, ce qui est un acte intelligent de ce qui ne l'est pas et celui de pouvoir apprécier, dans les conduites adaptées, celles qui avaient une origine *instinctive* de celles qui paraissaient *préformées*.

Une telle définition de l'intelligence ne s'accordait pas avec les positions *antinoéticiennes* qui s'appuyaient non pas sur la possibilité de s'adapter à des situations nouvelles, mais sur le fait qu'une lésion corticale empêchait l'exercice de ce qui avait été antérieurement acquis. C'est ainsi qu'en désignant les conduites avec des épreuves mettant en jeu des activités toujours plus restreintes, mais dont il devenait de moins en moins facile de saisir la signification et en s'acharnant à connaître dans chaque classe d'âge, pour un même test ou un même groupe de tests, la distribution et la différence entre les résultats de deux estimations d'efficience, on fut conduit non seulement à ne définir le mesuré que par le mesurant, mais encore à se fixer des objectifs de plus en plus éloignés des soucis immédiats de l'activité soignante en psychiatrie gériatrique.

Les *tests psychologiques*, qui ne comparent que des performances synchroniques, n'ont nullement conduit, à travers quelques instantanés de ces performances, à saisir la structure d'un raisonnement ou d'une conduite. Les *analyses factorielles*, elles aussi, se sont adressées plus aux résultats des activités intellectuelles qu'à leurs mécanismes et, comme l'indique F. Longeot (1969), elles ont rarement autorisé «une interprétation... autre que celle que le psychologue leur donne lui-même *a priori*».

Les *échelles comportementales*, qui se sont substituées aux épreuves psychométriques, n'échappent pas à certaines des critiques déjà émises. Elles n'évitent ni « la globalisation », ni le « réductionnisme » des conduites. Elles partent de données incomplètes, car établies le plus souvent avant l'observation à faire en la « canalisant » sur une grille d'analyse séméiologique préconçue. Elles sont fondées moins sur des faits que sur des spéculations ou des arguments péremptoires. De plus, le fait même de prendre les mécanismes sous-tendant un trouble donné comme critères de référence d'une échelle comportementale et de baser sur eux une évaluation quantitative de leurs modifications risque d'aboutir à une nouvelle systématisation « *a priori* » de la séméiologie.

Le tableau clinique de l'*observation « ouverte »* ne peut être assimilé au tableau clinique établi sur l'interprétation statistique et la simple mesure des mécanismes déjà connus dans l'apparition d'une conduite pathologique. Ce « pointillisme » séméiologique rend le plus souvent méconnaissables les nuances et la dynamique des comportements autrement observés.

D. L'enfant est un autre modèle dont s'est servie la psychiatrie gériatrique. Si la psychiatrie gériatrique ne peut être tout simplement somatomorphique, adultojuvénomorphique ou normomorphique, elle ne peut non plus être **infantomorphique**.

Le recours, dans l'âge avancé, à la *psychologie génétique* inspirée de J. Piaget qui, chez l'enfant, a servi de moteur à l'*épistémologie génétique*, a cependant été préconisé, dès 1960, par J. de Ajuriaguerra et R. Tissot. Il s'est révélé extrêmement fructueux. Car il a autorisé, chez le patient âgé, l'insertion et la pénétration de données fournies non seulement par l'observation, mais aussi par l'expérimentation. Il s'est effectué au détriment de celui la *psychologie différentielle* de W. Stern qui était jusque-là la référence universellement employée chez la personne âgée, mais qui ne permettait que très rarement de savoir exactement ce que mesuraient les résultats quantifiés pourtant précis mis à la disposition du clinicien. Ce n'était pas tant le contenu des épreuves utilisées, tel celui de l'échelle de Wechsler la plus connue, qui posait problème que le fait que ces épreuves n'étaient pas conçues pour rendre compte des conduites et des opérations au moyen desquels le sujet maîtrisait ce contenu (J. de Ajuriaguerra, 1970).

Malgré tout l'intérêt porté à l'adaptation des méthodes de la psychologie génétique en psychiatrie gériatrique, il est important de noter qu'il n'est toutefois pas possible d'assimiler les modes d'organisation successifs des fonctions supérieures du système nerveux central de la personne âgée ou du patient âgé mis alors en évidence à celle de l'enfant qui grandit. Si, chez l'enfant et le patient âgé, sont retrouvées des conduites apparemment similaires, les mécanismes qui les soutiennent ne sont nullement les mêmes. C'est ainsi que les conduites opératoires des patients atteints de la maladie d'Alzheimer, surtout dans sa forme tardive, sont presque toujours superposables à celles de l'enfant. A l'intérieur d'un même domaine opératoire (temps, espace, etc.), la hiérarchie des stades génétiques est généralement respectée. Toutefois, alors que, chez l'enfant, un stade est un système en équilibre destiné à s'intégrer dans un autre système en équilibre plus général et hiérarchiquement supérieur, les stades, chez le patient âgé, pour être semblables sont des équilibres également transitoires, mais destinés à se réduire en d'autres systèmes. L'équilibre est le même, mais la dynamique de la pensée est probablement fondamentalement différente. L'enfant, aidé par l'examinateur, peut momentanément et circonstanciellement dépasser un stade de son âge pour accéder à un stade supérieur. Cette conduite est tout à fait exceptionnelle chez le dément ou plutôt possible, mais dans des limites bien plus étroites. De plus, il existe chez lui des décalages systématiques entre domaines opératoires différents.

Les affections mentales, qu'étudie la psychiatrie gériatrique, ne sont donc pas compréhensibles si on les regarde comme la simple *inversion* ou *régression* du développement structural de la vie psychique qui se construit au début de l'existence. Car il apparaît de plus en plus que cette organisation n'est jamais définitive. Il faut encore savoir que l'affection mentale, en particulier chez le vieillard, peut avoir dans sa variabilité et ses nuances une fonction relativement adaptative. Un comportement adaptatif peut aussi prendre le masque de l'affection mentale. Mais cette dernière n'est pas que le fruit d'une difficulté à s'adapter.

Notons que le terme *involution* reste encore accolé à celui de mélancolie comme forme clinique particulière d'état dépressif de l'âge dans lequel on ne retrouve aucun antécédent dépressif avant la vieillesse ou à celui de paranoïa. Bien que trop marqué par son antonymie avec le terme d'évolution, il tend, comme d'autres substantifs médicaux, à se péréniser là par ce qu'il spécifie historiquement.

E. A travers le *biomorphisme* et le *psychomorphisme*, c'est le problème de l'*organogenèse* et de la *psychogenèse* des affections mentales qui se trouve à nouveau posé.

L'*organogenèse* consiste à réduire l'affection mentale à une série de phénomènes élémentaires engendrés par les lésions cérébrales. La symptomatologie de l'affection mentale est déterminée directement et mécaniquement par des dysfonctionnements de systèmes neurologiques. Les causes invoquées sont imputées soit à des facteurs héréditaires, soit à des facteurs acquis : toxiques, infectieux, tumoraux, traumatiques, métaboliques, etc.

La *psychogenèse*, quant à elle, s'attache essentiellement à lier l'affection mentale à des difficultés relationnelles et à des conflits existentiels.

Cette dichotomie est porteuse d'une simplification inacceptable, pour le praticien, des problèmes psychiques auxquels il est quotidiennement confronté et d'un totalitarisme conceptuel qui a nui à la prise en soins des patients âgés. On ne peut encore le considérer comme disparu. La psychiatrie gériatrique ne saurait se satisfaire de cette dichotomie, si ce n'est à titre heuristique. Il est intellectuellement satisfaisant de tenter d'élucider la nature de la lésion pour la combattre. Cette position porte toutefois le risque d'oublier la situation du sujet qui, hic et nunc, vit la présence d'une affection. L'étude du réseau relationnel n'est toutefois qu'apparemment plus facile, bien que tout un chacun, du non spécialiste au spécialiste, pour ne pas dire le patient lui-même, peut tout de suite s'y sentir faussement plus à l'aise. Elle ne peut toutefois faire partie du champ de la médecine, dont la psychiatrie, que si elle dispose d'une méthode qui a ses règles. C'est encore l'occasion de rappeler que la biologie, dont relève les sciences du comportement, étudie la vie et non seulement des êtres vivants et que la psychologie en fait partie.

F. Dans cette recherche de modèles pour l'élaboration d'un savoir géropsychiatrique, il faut retenir ici l'apport indéniable de l'Ecole de Bel-Air de Genève à l'aménagement simultané des *méthodes de la neuropsychologie et de la psychologie génétique* aux nécessités de la pathologie comportementale de l'âgé. L'avantage de cette option a été d'autoriser une analyse autant *diachronique* que *synchronique*, c'est-à-dire *chronologique* et *structurale* de la symptomatologie observée. Elle porte l'intérêt sur les modalités d'organisation individuelle et conjointe des diverses fonctions supérieures du système nerveux central au cours de la progression du processus morbide dont elles sont le jeu. Bien que globaliste, elle ne nie pas la valeur des symptômes liés à des lésions cérébrales focales.

Cet apport est à l'origine d'une réflexion originale sur *la place respective de la qualification et de la quantification dans l'évaluation comportementale de l'âgé*. Nous savons maintenant que l'attribut doit toujours y précéder le nombre. Grâce à lui, il a été possible de faire appel, pour la première fois en psychiatrie, à la méthodologie initiale de la discipline neuropsychologique née, en 1861, des travaux de P. Broca. L'apport en question a, de la même manière, facilité à une époque où cela pouvait être considéré comme une hérésie une meilleure connaissance des corrélations anatomo-fonctionnelles avec une symptomatologie liée non plus seulement à des lésions cérébrales focales, mais à des lésions plus disséminées ou en voie de l'être et qui pouvait s'offrir à la double lecture *développementale* et *structurelle* déjà indiquée.

Egalement de type cognitif, cette *neuropsychologie* comportementale *«focale»* ou *«diffuse»* est à distinguer de la nouvelle *neuropsychologie cognitiviste* qui, pour marquer son origine psychologique et non plus médicale, mérite l'appellation plus juste de *psychoneurologie cognitiviste*. En effet, cette discipline procède non plus de la pathologie comportementale, mais de la psychologie expérimentale. Certains comptent sur elle pour renouveler une séméiologie des conduites pathologiques qui s'ouvre aux neurosciences. Mais pointe là, depuis P. Smith-Churchland (1986), dans l'optique d'une nouvelle *neurophilosophie*, une volonté avouée d'éliminer les états mentaux au profit d'états cérébraux en réinterprétant à la lumière des neurosciences les phénomènes traditionnellement attribués à l'esprit ainsi que celle d'unifier toutes les sciences par les neurosciences.

Dans le même temps et indépendamment de ce développement idéologique, l'action thérapeutique de la psychiatrie gériatrique a centré ses objectifs sur l'*adaptation de l'âge* à son environnement.

Sans interrogation et curiosité constantes pour ce qui altère la qualité de la vie, nous restons au niveau des parti-pris culturels qui se créent, qui nous sont transmis et que nous transmettons sans améliorer l'homme dans son humanité. Nous demeurons ainsi attachés à des modèles qui, en tant que moyens, portent l'espoir d'un enrichissement de notre patrimoine. Mais en psychiatrie gériatrique, c'est en adaptant notre action à notre connaissance et/ou notre connaissance à notre action que nous réussirons à réduire encore plus l'écart qui persiste toujours entre le faire et le dire. C'est à ce prix certainement qu'il était possible de croire que la psychiatrie gériatrique avait aussi sa chance de servir à son tour de modèle à d'autres âges. C'est d'ailleurs bien ce qui s'est produit avec l'émergence plus récente de la *psychiatrie* dite *gérontologique*, qui sera envisagée dans un chapitre ultérieur.

Chapitre 7
Identification
de la psychiatrie gériatrique

Puisque la médecine se propose de traiter des affections somatiques et psychiques, il est nécessaire de délimiter correctement dans la *médecine de l'âge avancé* (ou *gérontologie médicale*) les territoires d'action respectifs de la *psychiatrie gériatrique* et de la *gériatrie*.

A. La *psychiatrie gériatrique* (ou *gérontopsychiatrie* ou *géropsychiatrie* ou *psychiatrie de l'âgé*) est la discipline médicale, qui, à travers le concept de *maladie mentale*, vise à élaborer et à utiliser dans un but thérapeutique un corps de connaissances, celui de la pathologie mentale de l'âgé s'appliquant à des affections qui se manifestent, perdurent ou réapparaissent dans la vieillesse. Elle use d'une démarche scientifique dont nous indiquerons au chapitre 9 le déroulement.

Nous avons dans un autre ouvrage décrit en collaboration avec P. Bovier les diverses formes cliniques des affections mentales dont il est question ici (J. Richard, 1997). Nous n'y reviendrons donc pas sauf pour dire qu'elles peuvent être regroupées sous les rubriques générales suivantes qui font partie de la nosologie la plus habituellement admise : a) les troubles thymiques de l'âge ; b) les délires tardifs ; c) la pathologie afférentielle de l'âge ; d) les états confusionnels et démentiels ; e) les états névrotiques et réactionnels ; f) l'alcoolisme tardif et autres toxicomanies ; g) les troubles psychiatriques associés à des affections organiques autres que démentielles.

C'est en se référant à cette nosologie que J. Wertheimer (1986) propose de distinguer : a) les affections propres à la personne âgée ;

b) les affections communes à toutes les générations, mais qui surviennent dans la vieillesse ; c) les affections connues chez l'adulte jeune et qui se prolongent dans la vieillesse ; d) et enfin, les affections consécutives à des affections somatiques.

Nous préférons, quant à nous, regrouper comme formes cliniques les affections décrites par J. Wertheimer sous a) et b) dans la même rubrique, c'est-à-dire celles des affections mentales qui se manifestent dans la vieillesse et celles qui, apparues avant cet âge, ont disparu pour y réapparaître. Nous nous accordons, par contre, avec J. Wertheimer pour isoler les affections mentales retenues en c) parce que, processuelles, elles évoluent, malgré leurs absences momentanées de toute manifestation clinique, d'un seul tenant tout au long de l'existence.

Cette première différence de point de vue se justifie peut-être par le poids donné par l'Ecole Lausannoise de Cery, sous l'impulsion de C. Muller et L. Ciompi, à l'étude des modalités de vieillissement de l'affection mentale, quel que soit son âge d'apparition. Il faut, en effet, rappeler que, dans le même temps, l'Ecole de Bel-Air de Genève privilégiait de son côté, avec J. de Ajuriaguerra et R. Tissot, l'analyse de l'affection mentale dans la période présente de la vieillesse à une époque où il semblait de la plus haute importance de bien défendre la spécificité de la psychiatrie gériatrique vis-à-vis de la psychiatrie de l'adulte jeune.

Par ailleurs, il ne nous semble pas indispensable de retenir, sauf comme formes étiologiques possibles de l'affection mentale de l'âgé, le groupe des affections mentales consécutives à des affections somatiques, telles qu'indiquées en d) dans les distinctions établies par J. Wertheimer. Nous n'oublions certes pas là les manifestations psychiatriques révélatrices d'une affection somatique méconnue comme cela peut l'être de la porphyrie ou d'une néoplasie dans le *syndrome asthénothymique du vieillard* décrit par J.-Ph. Bocksberger (1993). En effet, le psychiatre, en particulier celui de l'âge, va généralement se livrer, à partir de son observation sur les comportements et les conduites des patients qui méritent son intervention, à sa propre interprétation psychopathologique. Dans le mode de pensée spécifique à la psychiatrie gériatrique, l'affection somatique ne prendra son importance que comme une des variables explicatives possibles des troubles psychiques pour laquelle le géropsychiatre fera appel au médecin généraliste, à l'interniste ou au gériatre.

C'est ainsi que se spécifie la démarche thérapeutique de la psychiatrie gériatrique qui marque ses limites et respecte celles d'une gériatrie encore parfois inutilement envahissante sur un terrain qui n'est pas et ne peut être le sien.

L'autre inconvénient du groupe d'affections mentales présentées en d) par J. Wertheimer est de rompre l'homogénéité du principe classificatoire utilisé pour celles de type a), b) et c) et de les placer dans un registre distinct.

A leur façon, ces variantes conceptuelles, quelle que soit la valeur qu'on leur attribue, n'en n'illustrent pas moins l'histoire immédiate qui nous intéresse.

B. Par rapport à la psychiatrie gériatrique, la **gériatrie** (ou **gérontologie clinique** ou **gérontie clinique**). est la discipline médicale qui a d'abord pour objet la pathologie somatique de l'âgé, que cette approche se fasse sous la forme plus spécialisée d'une pratique de la médecine générale ou de la médecine interne.

La gériatrie n'est donc qu'un des aspects de la médecine de l'âgé ou de l'âge avancé. Elle y côtoie tout ce qui, dans les diverses spécialités médicales, hors la pédiatrie et l'obstétrique, a trait à l'âgé (de la psychiatrie à la neurologie, l'otorhinolaryngologie, la gynécologie, l'ophtalmologie, etc.). Elle peut être, dans certaines circonstances, une **médecine palliative**. Mais elle est plus souvent une **médecine consécutive** ou **conséquentielle** que palliative. Elle est, en effet, avant d'espérer devenir **prédictive**, une médecine qui n'est plus simplement symptomatique, étiologique, physiopathologique ou de maintien des fonctions vitales, mais encore *adaptative* puisqu'elle tient compte de l'état présent d'affections évolutives ou non, des traitements possibles et des handicaps dont le patient âgé est atteint, autant que de ses ressources encore disponibles pour décider du programme thérapeutique le plus approprié à mettre en œuvre.

La gériatrie est, par ailleurs, là *pour prendre un relais qui lui est propre* d'une médecine générale ou d'une médecine interne, ainsi que de diverses spécialités médicales qui y ont exercé leur savoir. Elle ne peut pas se subsituer à ces dernières. Mais, lorsque celles-ci sont au bout de leurs investigations et de la mise en route du traitement qui convient et est de leur ressort, elle doit être et est capable d'en poursuivre et d'en pondérer les interventions qui ont été nécessaires, ainsi que de les orienter vers une réhabilitation qui va jusqu'à l'expérience même de la vie sociale à domicile, en famille ou dans un milieu de vie communautaire.

Ce n'est pas, comme on a voulu le prétendre, un *« état d'esprit médical particulier »* qui peut identifier la gériatrie, car il est tout à fait possible d'introduire cet état d'esprit dans toutes les disciplines médicales.

La gériatrie *ne peut non plus être la discipline qui coordonne les différentes activités médicales appliquées à l'âge*. En effet, chaque spécialiste est capable de coordonner lui-même les interventions qu'il entreprend dans l'âge avancé. Car l'approche ciblée n'exclut absolument pas que le spécialiste puisse avoir une vue d'ensemble de l'individu ou des problèmes qui le concernent. Par ailleurs, le droit à la coordination se gagne et ne s'impose pas. Il ne fonde pas une discipline particulière et sa pratique.

Le gériatre risque bien, en effet, dans ce rôle d'organisateur qu'il s'imposerait ou imposerait, d'y perdre toute sa spécificité et de se faire préférer tôt ou tard un *médecin de la santé publique* ou plus simplement un professionnel de la santé, voire même un administrateur des soins et non plus un médecin. La spécialisation médicale répond, quoiqu'on en dise, à l'impossibilité pour un médecin de posséder parfaitement toute la connaissance à disposition et à la volonté d'en mieux pratiquer une partie à un niveau de compétence acceptable.

L'*holisme* est une perspective connue sur le plan médical depuis Hippocrate, même si le mot n'existait pas encore. Ce dernier aurait été proposé, d'après J. Marks et N. Moynihan (1988), par J.C. Smuts dans un livre intitulé *Holisme et évolution* paru en 1926. Selon la théorie holistique de J.C. Smuts, un tout composé a des propriétés supérieures aux composants qui le constituent et cela du fait même qu'il forme un tout. De là, est née « la notion de *santé holistique*, c'est-à-dire une santé globale, le corps, l'âme et l'esprit fonctionnent en un système équilibré et harmonieux ». Toutefois, l'esprit est « à prendre, en l'occurrence, comme la force qui donne sa signification et sa direction à la vie et qui est indispensable au bonheur profond et durable de l'individu ».

L'holisme a été proposé, quand on n'a pas voulu même l'imposer, comme concept fondamental et spécifique de la gériatrie. Il n'y a là rien d'original, ni d'exclusif en la matière. S'il se détourne de la philosophie cartésienne, l'holisme ne rend nullement opératoire pour les professions soignantes les notions de corps et d'âme et n'en efface pas la coloration théologique qui pourrait scientifiquement en justifier l'emploi.

L'holisme a été emprunté, il y a quelques années, par le corps infirmier pour légitimer une identité qu'il croyait lui être contestée par le médecin et qui ne l'était absolument pas. La pratique infirmière a d'abord tenu à s'affirmer contre le médecin et non pour elle-même. Il n'est pas exclu que cette prise de position du corps infirmier ait eu une influence déterminante sur une gériatrie qui cherchait sa voie.

L'holisme est dangereux en médecine quand il mène à l'uniformisation et la réduction des points de vue, à une *« intégration »* outrancière de savoirs différenciés et à la perte d'un dynamisme qui ne peut forger le savoir que dans un mouvement alternatif et continu du général au particulier et du spécifique au global. La généralisation laisse croire, en effet, que, sans formation précise, on est capable de tout. Elle efface la différence qui permet le partage et la répartition nécessaire des rôles dans le soin. Elle n'a pas encore réussi à être plus que la somme de ses parties. Elle nécessite une autre élaboration du concept d'*intégration*. Elle n'est pas liée à la qualité de l'investissement du soignant pour le soigné.

La relation au milieu, aux autres et à soi-même, est un des lieux et des moments privilégiés de l'intervention du psychiatre qui se doit de la rendre thérapeutique. Cette relation thérapeutique ne semble pas être l'« interrelation » que semblent rechercher certains gériatres dans le souci de trouver une spécificité à leur action dans l'holisme. Ce souci d'*« interrelationnisme »* semble concerner plus l'organisation des soins et des soignants que le soigné lui-même. Il n'est alors qu'un des facteurs de la **psychologie** dite **médicale** qui, pour l'âgé, est le terrain de prédilection de la **psychogériatrie**. Il mérite d'être géré d'abord par chaque profession elle-même, médicale ou de santé, avant d'être interprofessionnel. L'interrelationnisme pourrait conduire à un emboîtement de structures de soins dont on vient à peine de sortir en psychiatrie gériatrique. C'est dire combien il faut être prudent dans ce domaine qui ne fonde toujours pas la gériatrie.

Contrairement à la psychiatrie gériatrique qui est maintenant, par l'extension du concept du vieillissement à d'autres âges, à l'origine d'une approche originale des comportements pathologiques du jeune patient avec une méthodologie acquise dans l'âge avancé, celle de la *psychiatrie* dite *gérontologique* dont il sera question dans les pages suivantes, la gériatrie ne peut encore sortir d'une pathologie liée à la vieillesse et au vieillissement dans la vieillesse. Ce n'est pas sur ce plan qu'elle peut servir de modèle.

Pour certains, la gériatrie est ni plus ni moins qu'une médecine générale de l'âgé, bien que la médecine générale ait, en tant que spécialité, acquis un statut situant son identité dans une approche contextuelle des individus de tout âge dont celui dans lequel opère la gériatrie. Elle n'est, pour d'autres, qu'une médecine interne de l'âgé. La question reste alors posée de savoir si, comme certains l'ont suggéré, la gériatrie est plus spécialement une **médecine de premier recours**, une **médecine de dernier recours** ou une **médecine de simple recours**.

En fait, la gériatrie pourrait trouver et accentuer sa spécificité dans une éducation ou rééducation fonctionnelle attachée à la pathologie somatique de l'âgé. Elle viserait alors l'adaptation à la vie quotidienne dans une optique plus large que la physiatrie ou médecine physique et de rééducation fonctionnelle en s'intéressant aux facteurs psychologiques, qui ne sont pas insérés dans une problématique psychiatrique. Elle pourrait alors, sur ce point, se distancer utilement de la médecine interne et de la médecine générale traditionnelles.

Au total, bien que certains, comme P. Paillat (1996), considèrent la gériatrie comme « *une discipline ouverte, mais non comme une spécialité* », parce que l'intervention médicale pour y être efficace, c'est-à-dire pour rendre ou maintenir un jeu satisfaisant des principales fonctions corporelles et psychiques, doit prendre en compte les aspects psychologiques, familiaux, sociaux, culturels et naturellement économiques, *la gériatrie s'identifie par une pratique de la médecine interne ou générale auprès des âgés orientée sur une éducation et rééducation fonctionnelle visant, dans l'instant, l'adaptation à la vie quotidienne et tenant compte de facteurs psychologiques propres qui excluent toute problématique psychiatrique.*

Une interrogation est née récemment de la fonction réelle du « *social* » en médecine. Elle en suit une autre sur les deux premiers termes d'une référence souvent invoquée en gériatrie à un *modèle* dit *bio-psycho-social*. Or, la psychologie, comme nous l'avons déjà rappelé, est elle-même, en tant que discipline étudiant la vie, de la biologie, ce qui rend peu fiable le découpage proposé. Quant au « social », il semble ne devoir être pris en compte en médecine que dans la mesure où il permet de comprendre et de résoudre un problème médical. Pour le reste, il existe suffisamment de *professionnels du social* pour agir ce qu'ils défendent et ne font parfois que théoriser pour les autres. Ainsi la médecine retrouvera ses justes valeurs.

C. Trois disciplines se sont développées parallèlement à la psychiatrie gériatrique ou à sa suite. Elles permettent de mieux situer sa place et son champ d'action propre. Ce sont la ***psychogériatrie***, la ***psychogérontologie*** et la toute nouvelle ***psychiatrie gérontologique***.

a) Il faut rappeler, à propos de la conception que nous développons de la *psychogériatrie* (J. Richard, 1983), que ce terme a été utilisé dans les années soixante, parallèlement à celui de gérontopsychiatrie, pour désigner ce qu'est donénavant la psychiatrie gériatrique.

En 1976, C. Balier (1976) s'interrogeait sur l'équivalence des termes de gérontopsychiatrie et de psychogériatrie en se demandant si l'emploi de ces deux termes ne recouvrait pas « des conceptions quelque peu différentes de l'approche du malade âgé ». Il indiquait sa préférence du terme de psychogériatrie pour parler de ce que nous appelons psychiatrie gériatrique parce qu'il lui paraissait « mieux indiquer la nécessaire intégration » de la pathologie et de la psychologie dans la vieillesse.

C. Balier signalait toutefois, en se fondant sur l'erreur, pour lui ancienne, d'un corps opposé à l'esprit, dont nous avons souligné le strict caractère opérationnel, une ambiguïté dans la fonction soignante. En effet, bien qu'apportant à la personne âgée un sentiment de protection contre la mort, l'efficacité et la qualité des soins physiques ne pourraient, d'une part, être valablement fournis en milieu psychiatrique. D'autre part, une activité soignante qui ne serait pas contrôlée psychologiquement courrait le risque « d'instaurer une hyperprotection et d'encourager la dépendance » des âgés.

Plus récemment, J.-M. Léger (1999) revient sur ce sujet. Il estime ainsi que, dans la pratique psychiatrique, ce qui ressort de la pathologie et ce qui relève du champ de la psychologie en rapport avec l'activité soignante de terrain sont continuellement entremêlés. Il indique qu'« à cette phase de la vie (celle de la vieillesse), la pathologie ne répond pas au clivage proposé pour l'adulte entre psychique et somatique ». S'il souhaite cependant envisager à part la psychiatrie de l'âgé et la psychogériatrie, il précise que le terme de psychiatrie gériatrique doit être utilisé préférentiellement lorsque les psychiatres sont seuls concernés et que celui de psychogériatrie s'applique à un domaine où l'intervention concertée du psychiatre de l'âge et du gérontologue clinicien constitue la donnée fondamentale.

Ce n'est toujours pas là pour nous la vraie dimension de la psychogériatrie. La concertation entre cliniciens d'horizons différents n'est pas apte à définir une discipline identifiable. Elle ne fait que généraliser une singularité tout à fait ordinaire de la pratique médicale qui, de plus, est à l'origine d'une confusion des rôles de chacun dans le soin.

Pour ne pas s'écarter de ses objectifs médicaux, la *psychogériatrie* est *la discipline qui s'intéresse exclusivement aux problèmes relationnels et comportementaux nés, du point de vue de l'âgé, de son entourage et de ceux qui, d'une façon ou d'une autre, participent à ses soins, de la pratique médicale dans l'âge avancé*. Elle vise en particulier l'usage par l'âgé de certaines structures de soins qui lui sont réservées ou sont conçues et proposées pour lui par sa communauté de vie et à la réalisation desquelles il devrait donéravant participer. Elle soutient une forme particulière d'hygiène mentale qui touche chez le sujet âgé la prévention des conséquences psychologiques du vieillissement, de la vieillesse et de l'affection.

La *psychogériatrie* concerne toutes les spécialités médicales sans exception au moment où elles interviennent en faveur de l'âge. La manière pour le patient âgé de comprendre l'action du médecin et de la recevoir et celle du médecin de l'offrir et de la réaliser couvrent un champ d'étude particulier qui a un impact reconnu sur les activités de traitement et de soins dont peut profiter le patient âgé. Elle est le lot de tout médecin vouant sa pratique à l'âge. Pour le médecin qui n'est pas psychiatre, elle apparaît d'abord devant toute affection somatique à traiter sous la forme d'une psychologie médicale centrée sur les relations qui vont s'établir à ce sujet entre le soigné et le soignant ou entre soignants de différentes catégories dont la sienne et qu'il doit maîtriser dans un but thérapeutique. Elle apparaît aussi sous une forme différente chez le somaticien confronté à un patient âgé atteint d'affection mentale avec lequel il doit ajuster son attitude. Elle concerne, de la même manière, la pratique de chaque profession de santé identifiée.

Il est nécessaire de dire que la *psychogériatrie détermine une approche* et *ne se pratique pas pour elle-même*. Elle ne représente pas une *profession définie* comme c'est le cas de la gérontologie clinique et de la psychiatrie gériatrique. Elle fait état de l'attitude d'une pratique qui facilite l'accès du patient âgé au soin médical et qui, pour le médecin, reste individuelle et attachée à un acte unique dont elle ne peut être complètement isolée. Il y a ainsi des conditions de soins et de traitements qui requièrent une *attitude «psychogériatrique»*, mais *il n'y a pas, dans le champ médical, de psychogériatres authentifiés comme tels*. Il y a donc lieu de mettre un terme à l'ambiguïté qui règne encore entre la culture qui conditionne une attitude médicale ou de soins et sa pratique elle-même.

La *psychogériatrie* est, pour le soignant, un chapitre particulier de la *psychologie médicale* d'une part et de la *psychogérontologie* d'autre part. Elle pointe là l'observation et le contrôle des attitudes psychologiques du soignant et des proches conditionnées par leur activité auprès des personnes et des patients âgés.

b) La *psychogérontologie*, qui implique tous les âges, est une *psychologie scientifique qui cherche à décrire, à expliquer, à comprendre et à modifier les attitudes du sujet qui, exempt de toute pathologie connue, vieillit*. Elle s'attache plus à un mode de fonctionnement qu'à des fonctions. Elle s'appuie sur des postulats qui lui permettent d'asseoir son action. Elle doit mettre ces derniers constamment au service de l'homme et se méfier de ne les lier qu'à une vérité apparente. De la réalité d'un état, elle valorise les capacités individuelles et relativise les *inaptitudes* en ne les évaluant jamais isolément. Comme elle ramène invariablement à une interrogation sur l'existence, elle favorise, à tout moment, une réinterprétation de la vie et de sa vie. Ce peut être une chance de vieillir, car l'homme n'a que deux possibilités, ou vieillir ou mourir.

La psychogérontologie qui, dans la vieillesse, devient une ***psychologie de l'âgé*** ou ***de l'âge avancé***, est une psychologie du temps et du changement dans le maintien d'une identité. Vieillir, c'est être chargé d'une expérience de vie personnelle dont on reste le témoin. C'est accumuler et élaborer un savoir à travers des choix. C'est acquérir avec le temps d'autres qualités. C'est apprendre à quitter une condition pour une autre et à gérer ce passage qui, vécu, n'est pas seulement imposé, mais peut être partiellement voulu. Changer, c'est aussi échanger en sachant ne pas toujours perdre au change.

La psychogérontologie permet de découvrir un jeu de représentations où l'homme peut se perdre en s'enchaînant de façon maladroite et irrémédiable à un mouvement conceptuel impropre à son adaptation. Elle permet aussi de créer le jeu de représentations qui lui permettent de mieux vivre et de considérer l'avance en âge sous la forme du *bien vieillir* ou du *vieillissement réussi*. C'est, dans les deux cas, détecter le fruit d'un fonctionnement propre à l'homme en s'appuyant sur un terrain qu'il a marqué, celui du vieillissement et de la vieillesse.

Surgit à propos de la psychogérontologie le problème de la ***psychologie dite «clinique»***. Il est toujours préférable, du moins lorsqu'elle s'intègre à une activité médicale, de l'appeler, comme l'avait proposé G. Deshaies (1967), ***psychologie appliquée***. Ceci permet non seulement déviter une erreur terminologique de transposition analogique, mais aussi de supprimer toute équivoque avec le champ de la psychiatrie.

Définir la psychologie dite clinique, note G. Deshaies, comme «l'art et la technique» qui ont trait aux problèmes d'adaptation des êtres humains, comme semble le soutenir D. Lagache (1949), lui confère un caractère universel qui n'est pas une garantie méthodologique. Car en adoptant cette position, D. Lagache (1949) élargit à l'extrême la perspective psychologique tout en y intégrant la psychopathologie. Cela peut valoir, indique-t-il, «pour qui est à la fois psychologue et psychiatre ou médecin, non comme méthode d'étude et d'enseignement. Il n'y a pas une méthode clinique spéciale, mais une méthode expérimentale commune à un ensemble de disciplines. Le souci légitime de s'attacher aux faits, aux réalités vécues, n'exige aucune "médicalisation", au contraire».

Psychologie «individuelle», «concrète» ou «appliquée» éviterait toute amphibologie. Elle rendrait moins aisée l'inflexion médicale de l'attitude psychologique. La *«psychotechnique»* n'aurait plus alors qu'à rallier tous les «testeurs» et les expérimentateurs. La psychologie engloberait le tout et ne courrait plus l'aventure d'être rabougrie aux tests ou aux exercices de laboratoire ou aux jeux de l'analyse subjective. Car ce ne serait pas qu'une question de mots. «Quand on parle de *"psychoclinicien"*, on évoque immanquablement "son malade". Problèmes et conflits se mélangent. Conflits et tensions, du fait de leur existence, sont déjà suspects et le "nevrotic" se déclenche automatiquement».

Quoiqu'il en soit, la connaissance psychogérontologique ne s'initie et ne se développe que confrontée à une mise en application de ses données. Ce domaine pratique constitue la ***psychogérontologie appliquée***. Il est tout à fait distinct de celui de la psychiatrie gériatrique tant par ses objectifs et son vocabulaire que par ses méthodes.

c) La ***psychiatrie gérontologique*** est la discipline qui consiste, quel que soit l'âge du sujet concerné, à lire cliniquement un problème comportemental lié à un processus pathologique et à formuler un projet thérapeutique par l'intermédiaire d'une conceptualisation du changement se référant exclusivement à la notion d'un vieillissement qui couvre effectivement toute l'existence et non plus à celle de développement.

Sa distance par rapport à la psychogérontologie est celle qui oppose une démarche médicale spécifique et nuancée à celle qui se préoccupe essentiellement d'un fonctionnement psychique dans son évolution pendant le temps d'une vie.

Chapitre 8
Objectifs de la psychiatrie gériatrique
Traitement et soin

A. L'objectif principal de la médecine est le *traitement*. Il s'est longtemps adressé plus à une affection de l'organisme humain qu'à un malade. Ainsi ***traiter***, c'est traditionnellement élaborer un projet d'interventions médicales ou chirurgicales pour éradiquer cette affection et en assurer la réalisation. ***Se traiter***, c'est, dans sa suite, accepter et se soumettre au programme proposé en collaborant à sa réussite. De la sorte, le traitement a toujours été connoté à la notion de *guérison*.

Ces dernières années cependant, certaines disciplines, telle la psychiatrie gériatrique, ont dû revenir sur cette notion de guérison qui, relativisée, a nuancé le sens habituel de celle de traitement et a été complétée d'une nouvelle dimension, celle du *soin*.

Guérir, c'est donc être délivré ou délivrer d'un mal ou d'une affection toujours confondus avec la maladie. La notion de guérison suggère l'idée d'un retour à l'état antérieur à l'apparition de l'affection ou une restitution ad integrum qui n'est tout simplement pas possible puisque son déroulement s'effectue dans le temps et charge de plus l'individu d'une expérience nouvelle.

Pour beaucoup, le vieillard n'avait pas besoin de guérir puisqu'il finissait son existence. Il ne pouvait guérir puisqu'il était à brève échéance condamné à mourir. Cette attitude ne pouvait qu'affermir et encourager une ***abstention thérapeutique***. Mais c'était omettre qu'il y avait de nombreuses interventions possibles pour améliorer la ***qualité de vie*** du vieillard, témoin de cette mort qui approche.

Il est permis d'admettre, indépendamment du problème de l'écoulement du temps, l'existence d'une certaine forme de guérison. Mais il est intéressant de noter que, si elle est porteuse d'espoir, le malade, en tant qu'individu, ne peut pas se satisfaire de sa probabilité. Il reste néanmoins réaliste de chercher avec lui la meilleure adaptation possible qui soit à son environnement avec ce qui est entrepris pour contenir et dominer l'affection dont, à des degrés divers, il peut être porteur. Ceci semblait avoir été oublié, en particulier dans le courant du XXe siècle. Ainsi, bien que malgré tout accessible et souhaitable dans ce contexte, le profil généralement connu de la guérison en médecine doit changer. La guérison n'est plus ou ne doit plus être le seul objectif de la psychiatrie gériatrique.

Rappelons que la *guérison* a été considérée, par certains (A. Manuila, 1972), comme « la disparition des signes cliniques de la maladie ». Pour d'autres (*Dictionnaire de Médecine de Flammarion*, 1994), elle est « un retour à l'état de santé antérieur à la maladie ou à la blessure ». La guérison semble donc, d'une part, avoir qualifié l'évolution asymptomatique d'un processus pathologique qui n'a pas forcément disparu. D'autre part, elle semble même avoir coïncidé avec la persistance de maladies ou d'infirmités.

Une déviation s'est opérée à travers la notion de *santé*, qui, *stricto sensu*, n'est pas, comme nous l'avons déjà noté, un concept médical, bien que le médecin participe à ce qu'elle représente tant au point de vue populaire comme absence d'affection que du point de vue des professionnels de la santé comme état de *bien-être*. C'est alors que, dans cette évolution, a commencé à poindre une distinction plus claire entre l'affection (ou mal) d'une part et la maladie d'autre part qui a changé certaines des données de la réflexion engagée.

B. Quoiqu'il en soit, parler de *soin*, c'est accepter que l'attention du praticien ne porte plus d'abord sur l'idée ancrée de maladie, mais prenne en compte l'individu malade qui la vit et l'entourage qui le supporte. Soigner, c'est, en effet, assurer avec attention, vigilance, persévérance, ménagement, prévenance et sollicitude, tous les actes qui peuvent concourir à rétablir une adaptation ou un ajustement convenable du patient à la vie et au milieu. C'est aussi écouter, conseiller, soutenir, voire guider ceux qui sont directement à son contact, tandis que s'élabore, en fonction des moments déterminants de l'évolution de l'affection, le choix des attitudes individuelles ou communes les plus aptes à favoriser chez le soigné le fonctionnement harmonieux de son organisme et à soutenir des relations équilibrées avec ses semblables.

Parler de soin, c'est donc relativiser l'importance accordée à la maladie et au handicap. C'est défendre une médecine qui cherche le meilleur aménagement possible du patient avec l'affection dont il est atteint, en lui faisant prendre conscience de ses aptitudes et des diverses formes de compensation de ses déficits. Cette attitude n'exclut certainement pas l'appréciation des moyens à mettre en œuvre pour obtenir la guérison.

Le *soin médical* vise encore à permettre à l'individu de contribuer lui-même à son bien-être. Se soigner, c'est prendre soin de soi-même. C'est accepter d'être responsable. Cette *responsabilisation* permet de favoriser l'échange et la réciprocité entre le soigné et le soignant. C'est prendre part au soin qui est offert. C'est apprendre à employer et mesurer la *participation* de son entourage et des professionnels de la santé. Ces derniers devraient être acceptés comme des personnes d'appel et de pourvoi.

Le soin reste toutefois plus qu'une alternative à la guérison et aux efforts médicaux qui se brisent parfois sur la persistance de l'affection. Il ouvre, en effet, d'autres perspectives thérapeutiques en s'attaquant directement à une certaine philosophie de la médecine.

Si le soin rappelle une des exigences de la pratique de la médecine de l'âgé, celle de *toujours couvrir la recherche de la guérison par le soin*, il nous conduit à nous intéresser de plus près à l'individu malade. L'autre exigence qui apparaît souligne *la nécessité non pas d'aider le patient âgé, mais de l'aider à s'aider*. Elle met en cause le sens même de l'*assistance* qu'elle soit médicale ou sociale.

C. Il faut dire que l'assistance bien comprise dans le soin ne devrait pas faire naître la seule *dépendance* mutuelle du soigné et du soignant qui n'est pas faite seulement de réalité, mais de croyance en cette réalité. Elle doit faciliter l'*autonomie* envisagée non sous le seul aspect de la capacité à accomplir les gestes de la vie quotidienne (se lever, s'habiller, se nourrir, se tenir propre, etc.), mais aussi et surtout celui de la capacité à s'assumer soi-même. L'*autogestion* dépasse de beaucoup la notion d'autonomie. Elle est la capacité que l'individu a de pouvoir gérer sa vie, c'est-à-dire de pouvoir exprimer, même dans une condition de handicap, un choix sur le sens qu'il veut lui donner et sur les conséquences qui s'ensuivent. Elle doit bannir la *sujétion* ou *soumission*. Elle débouche sur la *pourvoyance*, analysée par A. Memmi (1988), qui modifie les rapports de *réciprocité* en laissant toujours, quand l'échange est inégal, à celui qui, dans des circonstances particulières, est momentanément contraint de recevoir beaucoup, la possibilité d'offrir à celui qui donne sans le mettre en position de dépendance et sans que cela ait la valeur d'une simple reconnaissance de dettes. Il y a, en effet, celui qui a besoin et celui qui satisfait le besoin et, entre eux, l'objet de la dépendance, qui est ce que le demandeur attend du pourvoyeur. Il y a, dans la dépendance, des satisfactions qu'il n'y a pas dans la sujétion. La dépendance apparaît différente si l'on sait qu'elle peut à la fois être acceptée et refusée et s'il est possible à chacun de bénéficier d'un changement de statut qui lui permette de se soustraire à la dépendance en participant à la pourvoyance.

La *codépendance*, notion plus récemment introduite dans la toxicomanie et l'alcoolisme, a souvent été observée chez les proches du patient âgé atteint d'affection mentale. Elle se manifeste par l'apparition, chez le proche, de comportements et de conduites qui « se soldent par la compulsion à aider le patient à n'importe quel prix malgré les conséquences négatives qui en découlent » (D. Danis, 1998). Dépendance et codépendance se renforcent mutuellement. Ainsi s'installe une complicité relationnelle à caractère fusionnel qui donne à chacun l'illusion de dominer une situation qui, en fait, s'aggrave progressivement. A la passivité du dépendant, répond l'hyperactivité du codépendant qui se substitue complètement à la détermination et à l'action de l'autre. Le dépendant se déresponsabilise progressivement dans le même temps où le codépendant se sur-responsabilise dans une véritable *assuétude* à intervenir à tout moment dans la vie du sujet en soins en perdant totalement la maîtrise du sens de ce qui doit être fait.

La *participation* inspire, quant à elle, la nécessité de ne pas seulement travailler pour l'âgé, mais encore de travailler avec lui en recueillant son avis, ses critiques et ses suggestions sur la réalité et les modalités du soin qui, instauré pour lui, doit aussi être l'objet d'une élaboration conjointe.

D. Evoquer le soin, l'adaptation, la pourvoyance et la participation, c'est non seulement considérer différemment le ***diagnostic***, mais c'est encore mettre en cause la ***démarche médicale*** elle-même. Diagnostic et traitement ou soins forment un tout. Leur identification ne doit pas faire oublier que le diagnostic est déjà, par lui-même, un acte thérapeutique parce qu'il crée et objective la relation d'un soigné avec un soignant.

Mais limiter son action médicale au diagnostic, c'est promouvoir et affirmer, en particulier en milieu hospitalier, une politique de *« dégagement »* de personnes qu'on a *« médicalisées »* en acceptant la relation médicale sans prendre conscience de l'importance et des conséquences de l'abandon ou du rejet que l'on décide plus tard unilatéralement. C'est créer une ségrégation dans le soin.

Nous devons nous réclamer d'une politique d'*engagement aux soins*. Il est important de préciser que celle-ci exclut, par définition, l'*acharnement thérapeutique* et l'*euthanasie active*. *Le droit du médecin au diagnostic doit*, par ailleurs, *toujours s'accompagner d'une obligation de soins*. Il nous paraît alors particulièrement grave d'opposer administrativement et organiquement des *structures de diagnostic* à des *structures de soins*, qu'elles soient architecturales ou fonctionnelles.

Comme nous le verrons plus loin, il convient encore de pondérer, en psychiatrie gériatrique, le point de vue selon lequel le traitement ne peut découler que du diagnostic. Outre le fait que le temps classique du diagnostic est non seulement une amorce de relation thérapeutique, mais peut aussi être compris dans l'acte thérapeutique lui-même, *ce peut être le mode même du traitement qui peut déterminer l'approche diagnostique*.

E. Certains ont voulu à tout prix réserver le diagnostic et le traitement de l'affection au médecin pour identifier l'infirmier par le soin. C'est récuser, d'une part, une médecine qui tienne compte du malade et des réactions de son entourage. C'est méconnaître, d'autre part, le fait que le diagnostic est un mode de connnaissance pour déterminer une action thérapeutique et que, de ce point de vue, tous les professionnels de la santé (infirmiers, ergothérapeutes, sociothérapeutes, physiothérapeutes, thérapeutes de la psychomotricité, psychologues, logopédistes, travailleurs sociaux, diététiciens(nes), etc.) ont autant besoin de leur diagnostic que le médecin dans une vue et des modes d'abord différents du malade.

Il nous paraît donc indispensable de corriger ou de compléter les définitions du **diagnostic** telles que celles proposées par les dictionnaires déjà cités.

Le premier de ces dictionnaires, celui de A. Manuila, envisage le diagnostic comme «la détermination de la nature d'une maladie d'après l'étude de ses signes, de ses symptômes, des résultats de laboratoire». Le deuxième, celui de Flammarion, plus exact sur le plan médical, le décrit comme «l'acte ou le résultat de l'acte, qui aboutit à identifier l'affection dont un patient est atteint à partir des données de l'interrogatoire et de l'examen». Il omet cependant que, pour les professions de santé, il peut être le moyen de connaissances propre au déclenchement de leurs prestations qui ne concernent pas forcément l'affection, mais certains de ses déterminants ou sont liées à des contingences d'ordre proprement technique. Il est intéressant de constater que, dans le premier de ces dictionnaires, la maladie et les soins médicaux font l'objet de descriptions distinctes.

Si l'on tient compte de ce qui vient d'être dit, il est possible d'aborder de façon fructueuse le problème des difficultés engendrées par le passage de l'intention à la réalisation des soins.

F. Les modes de penser et de faire en psychiatrie gériatrique ne sont nullement réductibles à ceux qui sont en vigueur dans d'autres branches de la médecine et entre les autres formes de psychiatrie liées à l'âge que sont la psychiatrie infantojuvénile et la psychiatrie de l'adulte jeune. Si, certes, la psychiatrie gériatrique s'est successivement référée en particulier aux modèles somatomorphique, adultojuvénomorphique, normomorphique et infantomorphique, elle s'en est maintenant écartée pour construire le modèle qui est le sien. Mais il en va de la psychiatrie gériatrique comme de la psychiatrie en général. Sa spécificité, comme l'a écrit J. Hochmann (1980), est dans la pratique et non dans l'objet auquel la démarche des usagers et certaines pressions du corps médical peuvent seules donner un contour qu'il ne leur appartient pas de dessiner. Or, cette pratique change et celui qui assure des soins dans ce cadre s'inquiète de plus en plus du sens de ce qu'il fait, de son droit à le faire et des limites et des différences de sa pratique et de celle des autres.

A ce sujet, J. Hochmann formule sur le *soin psychiatrique* plusieurs propositions qui peuvent aider les soignants dans leur réflexion.

a) La première proposition indique que *ce que l'on fait compte plus que ce que l'on dit*. L'acte a une puissance et une inocuité que la parole n'a pas. Il est acceptable par sa réalité. Il marque une présence. C'est sur lui que le patient est jugé et nous ajouterons que c'est aussi sur lui qu'il juge. C'est par lui que peut se renouer et s'ajuster une relation perturbée.

b) La deuxième proposition suggère que *ce que l'on ne fait pas peut compter plus que ce que l'on fait*. Elle souligne qu'à l'*indifférence* ou l'*abandon*, il ne faut pas substituer l'*activisme*. L'attitude n'est soignante que dans la mesure où elle préserve ou instaure la réciprocité. Elle l'est d'autant plus qu'elle permet également de recevoir et de donner et que sa forme est la plus simple et la moins apparente. L'activisme rassure le soignant en lui donnant l'illusion qu'il continue à bien fonctionner et en lui évitant de se laisser attaquer ou mettre en cause dans son rôle. C'est un risque qui est manifeste dans certaines disciplines, telles que l'ergothérapie et la sociothérapie.

Il faut donc insister sur le fait que pratiquer en psychiatrie gériatrique, c'est aussi, pour le soignant, se préoccuper de son *hygiène mentale*. Il est ainsi un équilibre difficile à obtenir dans toute organisation de soins appliquée à la pathologie comportementale entre ce qui doit être réalisé pour le soigné et ce que les soignants doivent requérir pour eux-mêmes. Garder la bonne distance relationnelle dans l'action thérapeutique est à la base de l'apprentissage du soin psychiatrique. C'est alors seulement qu'une conduite, charitable au départ, peut devenir soignante. Mais plus le soin tend vers une réponse à la totalité des besoins du patient, plus le risque activiste est grand. La personne et le patient âgé ont droit à la *frustation* qui les fait reconnaître comme des individus à part entière dans une communauté.

L'assistance ne peut être valable que si elle a des limites et si, à la mesure des nécessités du patient, elle favorise la mise en jeu de ces processus qui rendent l'homme libre. Vivre avec le patient âgé, sa famille et son entourage le moment fécond d'une crise qui a pu même conduire à l'hospitalisation est un des moyens les plus sûrs d'y parvenir.

c) La troisième et dernière proposition de J. Hochmann *situe la place du langage dans le soin et comme soin*. Les propos du soignant peuvent avoir une valeur organisatrice dans la préparation du patient âgé à une situation de meilleure adaptation. Ceci suppose d'abord la rétention dans l'intériorité du soignant des préoccupations que le patient âgé y suscite. L'identification du soignant au soigné est une des conditions nécessaires, mais non suffisantes, du soin. Ce qui y est perçu ou reçu doit être élaboré ou « transmuté » par le soignant. Mais l'expérience relationnelle n'a pas de caractère indicible. Si elle se vit, elle doit pouvoir se dire pour servir au patient et avoir la valeur d'un soin. Le soin psychiatrique apparaît ainsi à J. Hochmann comme intrinsèquement ambigu. C'est ce qui lui conférerait sa spécificité. Il est ambigu parce qu'il relève de réponses à des phénomènes dont les significations multiples peuvent prêter à de nombreuses interprétations. Ceci indique, selon une remarque de S. de Beauvoir sur l'existence (1947), que le sens n'en est jamais fixé et qu'il doit sans cesse se conquérir.

Nous pouvons donc être d'accord avec G. Daumezon, quand, dans la discussion qui suit immédiatement les assertions de J. Hochmann, il écrit que le soin ne devient psychiatrique que lorsqu'il tient compte de la trajectoire existentielle du patient et que lorsqu'il permet l'insertion du soignant dans la « vie vécue » du patient. Il nous semble cependant que le soin en psychiatrie gériatrique engage non seulement à « tenter de saisir la signification de la demande du patient en la situant dans l'existence du sujet », mais encore à contribuer à l'élaboration d'une demande qui, bien que profondément ressentie, ne peut être facilement appréhendée et exprimée dans sa forme habituelle par le patient âgé.

G. Si donc les objectifs premiers de la psychiatrie gériatrique sont le malade, le soin, l'adaptation, la pourvoyance, l'autogestion et la participation autant, sinon plus, que le mal, la guérison et l'assistance et s'ils sont ceux d'un engagement au soin et non d'un dégagement des patients, ils conduisent non à une *prise en charge* ni, ce qui est mieux, à une *prise en soins*, mais à une **prise en décharge de soins**. La **prise en décharge en soin** consiste à *remettre continuellement à l'âgé les acquis qu'il obtient lui-même ou que le soignant peut obtenir avec lui et à les lui faire exercer et entretenir personnellement de sa propre initiative.*

Cette commutation a eu lieu lorsque la notion d'une adaptabilité évolutive et différenciée à la vie était en voie de reléguer au second plan celle éminemment utilitaire de *placement*, resté une fin en soi. Car chaque changement de milieu doit devenir pour l'âgé ce qu'il aurait toujours dû être, un autre point de départ dans l'existence.

H. L'histoire de la psychiatrie et de la psychiatrie gériatrique est là pour nous convaincre qu'il n'y a pas de structure idéale de soin. L'aspiration continuelle à une disposition parfaite est vaine. J. de Ajuriaguerra n'allait-il pas jusqu'à dire que «ce qui fonctionne trop bien ne fonctionne pas» en mettant en garde contre le «ronronnement» d'un système. Les structures sont ce que les hommes qui s'en servent en font pour le bien du malade. Mais les usagers sont aussi bien ceux que l'on soigne que ceux qui soignent. Il y a donc un risque à ce que l'on impose à la psychiatrie gériatrique, à travers une structure qu'elle ne contrôle pas, une autre spécificité que celle qui serait souhaitable pour le patient.

En psychiatrie gériatrique, la pratique de soins doit rester ouverte. Elle doit autoriser une approche diversifiée des problèmes à résoudre. En fonction de l'évolution de ces derniers, elle doit laisser la place à la réalisation et à l'expérimentation d'autres façons de soigner. Elle doit rester cohérente dans une région donnée. Mais sa cohérence ne justifie ni le *«quadrillage»* de la communauté, ni le *monolithisme de sa structure et de ses orientations*. Un système n'a pas à être au service de lui-même.

Ainsi, la *thérapie institutionnelle* s'intéresse au groupement thérapeutique des patients dont on sait qu'il ne peut se réaliser sur l'évolution des cas en aigus et chroniques ni sur une durée d'évolution qui, en milieu hospitalier, distingue les patients de court, moyen et long séjour selon le poids estimé des soins ou selon des critères liés à la nosologie. La conséquence indirecte de l'application de règles qui servent plus le gestionnaire que le soigné et le soignant a été l'exploitation vis-à-vis de la psychiatrie gériatrique de quatre types de conduites qui ont successivement entravés l'activité médicale et contre laquelle il a fallu et il faut encore lutter, car elles sont pathogènes. Ce sont : a) la «psychiatrisation» des cas somatiques; b) la «gériatrisation» de l'adulte jeune; c) la «juvénilisation» de certains patients âgés au profil clinique facile et valorisant; d) et la «dépsychiatrisation» des cas réellement psychiatriques. Nous les détaillerons au chapitre 10.

Enfin, il ne faut pas confondre, sur le plan institutionnel, les *lieux de vie* et les *lieux de soins*. La médicalisation des lieux de vie communautaires pour personnes âgées a, en effet, fait surgir chez les soignés des représentations méphitiques sur leurs conditions existentielles et chez les soignants des confusions de rôles insupportables qui n'ont pas été sans retentissements sur la qualité même des soins. Par contre, les prestations de soins ponctuelles par un personnel extérieur au lieu de vie, comme cela se pratique pour le soin à domicile, n'ont pas semblé pâtir de ces inconvénients.

Chapitre 9
La stratégie médicale en psychiatrie gériatrique

A. Pour le somaticien, la démarche clinique la plus habituelle le conduit à isoler arbitrairement plusieurs étapes qui suivent un raisonnement précis, celui de la connaissance ou reconnaissance du mal, celui du profil opérationnel qui lui sera attribué à travers le concept de *maladie*, celui de la recherche d'une *cause* ou des *mécanismes* en jeu dans sa production et, enfin, celui du choix et de l'application d'une mesure thérapeutique. La notion de *guérison*, dans son acception courante, marque la réussite de cette procédure. Cette démarche est considérée comme scientifique, dans la mesure où elle est vérifiable, reproductible et transmissible.

Il n'en va pas tout à fait de même en psychiatrie et plus particulièrement en psychiatrie gériatrique. Certes, dans certains cas, la psychiatrie comme la médecine somatique peut poursuivre sa procédure dans le cadre d'une *causalité linéaire* dans laquelle la solution dépend d'une action sur la cause ou sur l'effet de la cause. Mais, dans d'autres, elle a à faire avec une *causalité dite à répercussivité circulaire* où chaque effet devient la cause d'un autre effet et le dernier effet celui de la cause première.

Un autre aspect de la démarche du psychiatre le mène à tenter de *comprendre* le mal dans le cadre de vie passé et actuel du patient plus qu'à en chercher la cause. Une dernier aspect qui est propre à la psychiatrie gériatrique recherche les conditions d'*adaptation* du patient à l'environnement avec l'affection présente, surtout si elle ne permet pas d'entrevoir, à vues humaines, la dite guérison.

Ce qui rend difficile la pratique psychiatrique est le travail de conceptualisation qu'elle impose dans sa procédure et donc l'acceptation d'une multiplicité de points de vue, pour ne pas dire de systèmes de pensée, qui s'opposent, se chevauchent ou se disputent la maîtrise de leur généralisation. Pour ne parler que de quelques-uns d'entre eux, citons leurs modalités *cognitives*, *behavioristes*, *systémiques* et *psycho-analytiques*.

B. Quoiqu'il en soit, la démarche du médecin s'appuie sur le concept de maladie. Elle accorde là une importance majeure au repérage séméiologique, celui des symptômes et des signes de l'affection. Le signe est traditionnellement ce qui est décelable objectivement. Le symptôme est, au contraire, ce qui est ressenti par le patient. De ce point de vue, on a eu tendance à assimiler le signe fonctionnel au symptôme en l'opposant au signe physique. Mais symptômes et signes peuvent être autrement définis et s'inscrire dans un raisonnement dont ils marquent les étapes. Les qualités qu'on leur accorde et que nous leur retiendrons sont alors différentes. Ainsi se constitue en psychiatrie : a) une séméiologie des comportements et des conduites; b) une séméiologie de la forme sous laquelle s'actualise l'expérience vécue ou le fonctionnement de ce qui est immédiatement vécu; c) et une séméiologie de l'organisation de la personnalité.

En fait, pour appliquer sa technique de traitement, le médecin part de *manifestations*. Ces manifestations peuvent être perçues par le patient lui-même ou son entourage. Le patient peut ou non s'en plaindre. Elles peuvent n'être mises en évidence que par le médecin dans l'exercice de ses fonctions. Quelles qu'elles soient, le médecin choisit celles sur lesquelles il va fonder son raisonnement thérapeutique. Ce faisant, il transforme ces manifestations en *symptômes*. Dès qu'il leur attribue une valeur spécifique, ces symptômes deviennent des *signes*. L'occurence de plusieurs signes crée le *syndrome* et quand une étiologie possible peut être attribuée au syndrome, ce dernier devient *maladie*.

La première conséquence de cette procédure est qu'elle est *réversible* et que le médecin peut à tout moment choisir d'autres manifestations que celles qui ont initié sa première démarche et attribuer d'autres significations à ces nouveaux symptômes. La deuxième conséquence est que la maladie y apparaît comme *une abstraction ou une entité qui charpente la stratégie médicale*. Elle justifie une procédure étiopathogénique à causalité linéaire dans laquelle le médecin peut agir sur la cause ou sur l'effet. Précisons à nouveau que la *maladie* n'est, à travers un profil comportemental, que *l'élément d'une procédure qui permet au médecin d'élaborer une solution thérapeutique*. L'affection (ou mal), ainsi que les faits objectivés qui l'accompagnent, ont une existence. Celle-ci exprime une atteinte fonctionnelle ou lésionnelle d'un organisme et une souffrance. La maladie, de son côté, n'est que *l'intellectualisation, qui autorise l'application d'une technique déterminée, celle de la médecine, qui s'apprend, s'enrichit et se transmet.*

Dans cette manière d'opérer, le médecin s'applique à connaître certains signes et groupements de signes que lui transmet la formation médicale. Le signe entre, d'une part, dans une transaction qui conduit le clinicien à placer les particularités relevées chez un patient dans le cadre des connaissances acquises de la pathologie. Mais il se trouve que certains signes ou groupements de signes peuvent ne pas apparaître. Toutefois, dans les circonstances qui amènent le patient à consulter, se situe une **demande**. La formulation et le sens de celle-ci dépend beaucoup de la culture qui marque l'intervention du médecin et crée le statut de malade. Le sujet de la demande peut ne pas être le patient lui-même. L'objet et les exigences de la demande peuvent aussi aller au-delà de la reconnaissance de la maladie et ne pas concerner directement le patient. C'est le clinicien qui oriente l'expression de la demande. Il canalise alors un certain savoir dont il apprend continuellement à utiliser et à créer le code. Dans ce registre, ce qui est signifiant pour le patient, voire pour le clinicien en tant qu'être humain, ne l'est pas obligatoirement pour le clinicien en tant que médecin. Au-delà des caractères de *subjectivité* et d'*objectivité* attribués primitivement au symptôme et au signe, apparaît non seulement le problème de leur choix par le clinicien, mais aussi celui de leur construction et de leur signification qui font que les manifestations sur lesquelles le médecin appuie son raisonnement sont la résultante d'une interrelation entre son patient et lui-même.

La *séméiologie médicale* commence donc habituellement à l'instant où se réalise une catégorisation des symptômes. La polysémie des signes se réduit dans le syndrome. Mais la **synchronie** des signes ne garantit pas la valeur de sa signification globale. Les signes juxtaposés peuvent évoluer pour leur propre compte dans le temps. Nous retrouvons, dans ce contexte épistémologique, des signes qui, isolément, renvoient à plusieurs sens ou dont la coexistence détermine un seul sens, voire n'a aucun sens. La perspective ***diachronique*** est un complément indispensable de cette lecture séméiologique qui réalise une lecture non à un moment donné, mais dans le temps qui court. L'amélioration progressive de l'humeur du mélancolique au cours d'une journée qui est à l'origine de l'usage thérapeutique de la privation de sommeil ou **agrypnie** en est l'illustration la plus probante.

Le psychiatre, quant à lui, ne sait pas s'il peut utiliser un tel système de réduction, ni même si cela est souhaitable pour son action thérapeutique. Sa tâche s'en trouve facilitée lorsqu'il en est ainsi. C'est d'ailleurs, dans ce cas, qu'il est le mieux compris du somaticien. Il ne sait pas toujours d'avance ce qui a ou n'a pas d'importance. Il est sensible au fait que les symptômes et les signes ne sont pas indépendants de son attitude. Il s'inscrit lui-même dans la séméiologie qu'il utilise. Pour lui, de multiples traits de comportements pris pour eux-mêmes ne sont significatifs que par leur groupement. Mais ce groupement demande, à chaque fois, à être organisé même s'il n'a pas de références clairement définies. Il doit aussi être orienté sur une partie d'un savoir psychiatrique à élaborer. Ces faits témoignent de la complexité de la séméiologie des données relationnelles.

Comprendre le patient et son affection peut, en psychiatrie, être aussi important que de recourir à un modèle explicatif même si ce dernier tient d'un autre type de causalité que la causalité linéaire, telle que la causalité à répercussivité circulaire. Le psychiatre peut certes agir sur les causes ou leurs effets pour en réduire l'influence. Il peut aussi agir sans connaître les causes ou avant de les connaître. Il peut déterminer les causes sans repérer tous les effets. Par ailleurs, un patient peut vivre avec certains effets de causes connues. Quand, de plus, l'action médicale s'oriente vers l'adaptation de celui qui est ou a été malade, la capacité d'adaptation devient un élément capital de l'évaluation clinique qui est aussi fonction de la tolérance de l'entourage et du milieu.

Il faut rappeler qu'en psychiatrie, et plus particulièrement en psychiatrie gériatrique, la mise en œuvre d'une action thérapeutique peut, par elle-même et par un effet rétroactif, déterminer l'approche diagnostique qui se précisera et se modulera progressivement sous cette influence.

Il est encore possible, en médecine, d'agir sur ce que l'on ne connaît pas ou que l'on connaît mal. Cette action peut même être à l'origine d'une connaissance espérée pour modifier certains phénomènes ou contrôler des conduites jugées inadéquates. L'explication de la nature des faits observés n'est souvent là que pour soutenir la scientification de la connaissance et rassurer sur sa valeur. Elle n'est pas toujours utile au patient. L'histoire de l'hystérie (E. Trillat, 1986) est très instructive à cet égard. L'analyse séméiologique de l'hystérie, poursuivie par J.-M. Charcot, a contribué à son essor sans en cerner intimement la nature.

L'acte thérapeutique n'est pas, en effet, déterminé par la seule bonne connaissance de la maladie qu'il n'est déjà pas facile de définir, surtout lorsqu'elle est mentale. Le fait de catégoriser un tableau clinique et de le reconnaître qui évoque une étiologie ne fournit pas nécessairement, en psychiatrie gériatrique, les cadres d'un programme de soins. Car, comme nous venons de le préciser, celui-ci s'appuie souvent sur d'autre critères.

La médecine est une discipline inachevée. Il y a et il y aura toujours des affections à décrire. Le psychiatre de l'âgé doit, à propos de chaque patient, non seulement repérer ce qui est connu, mais contribuer à découvrir ce qui ne l'est pas encore. Il fait appel à une discipline qui recense l'acquis et constate, mais aussi qui se fait et se cherche. C'est, dans cette perspective que la connaissance pour agir retient, en psychiatrie gériatrique, la façon dont le malade âgé vit et réagit à l'affection et s'intéresse spécialement au nouveau réseau relationnel qui s'organise à ce propos avec l'entourage. Si l'affection et la notion de maladie ont des conséquences non seulement sur le malade, mais aussi sur l'environnement, ce dernier contribue, à l'évidence, à colorer et nuancer la pathologie mentale. Il en résulte que le diagnostic doit faire appel au contexte dans lequel se développe l'affection psychique.

Il est aussi une approche diagnostique qui recherche les conditions de l'effacement de certaines conduites. En effet, l'absence de manifestations repérables par l'entourage facilite la tolérance et l'adaptation de l'individu au milieu. Elle pourrait être une première étape vers un aménagement relationnel avec soi et les autres. Reconnaître une conduite, la faire apparaître, la faire disparaître, étudier les modalités de son masquage, contrôler les données de son émergence et évaluer les contrecoups de son absence sont autant de manières d'appréhender la connaissance qui traduisent la même intention thérapeutique.

Si enfin, la séméiologie clinique couramment utilisée en psychiatrie et en psychiatrie gériatrique est souvent le jeu de théorisations qui se construisent ou non sur des faits d'observation, voire même sur une théorie des théorisations, elle le serait aussi, pour certains, de l'absence totale de théorisation. Une idée directrice naîtrait directement de l'observation clinique. Quoiqu'il en soit, une doctrine peut guider l'interprétation des données cliniques. Elle peut aussi modifier la manière de les rendre évidentes et la portée qui leur est accordée dans l'acte thérapeutique. Elle concourt, autant que le flou conceptuel, à la contingence de la connaissance à laquelle se réfère le clinicien dans ses activités quotidiennes.

Il y a donc des conduites qui apparaissent différentes selon le choix des critères et des situations d'observation. Ces conduites peuvent être victimes d'une intellectualisation outrancière ou d'une idéologie totalisante. C'est à travers une description d'abord plus phénoménologique, telle que le suggère F.J.J. Buytendijk (1957), que peuvent être valorisées certaines figures symptomatiques dont il n'est ni possible, ni souhaitable d'établir l'inventaire complet, car ce serait les soustraire aux bénéfices d'une séméiologie ouverte. La symptomatologie, connue ou à connaître, sera consignée, retenue et ordonnée en fonction du programme de soins qui suit. Elle dépend des soins autant qu'elle les inspire. La sélection des symptômes et des signes respectera, dans ces conditions, les traits comportementaux qui semblent obéir à des règles communes selon une démarche que l'on dit *nomothétique*. Cette démarche qui cherche la loi possible des observables s'oppose à celle dite *idiographique* qui s'intéresse aux traits particuliers de l'individu et peut la compléter. Chacune de ces démarches n'omettra jamais de faire le bilan des capacités du patient qui ont une valeur essentielle pour son adaptation.

C. Comme nous le verrons au chapitre 11, il fut un temps où le raisonnement médical était celui autour duquel s'articulait toute démarche de soins. C'était ainsi que se définissaient, par rapport à la profession médicale, des professions dites paramédicales. La naissance des professions de santé issues de ces dernières dont la base conceptuelle n'est plus la maladie mais la santé allait accélérer ce processus.

Chaque profession de santé a maintenant ses concepts, son vocabulaire et sa méthodologie. Les problèmes de multi- (ou pluri-), inter-, intra-, trans- et supradisciplinarité auxquels se heurtait l'usage en psychiatrie d'idéologies différentes, se sont compliqués de problèmes équivalents à partir de modalités professionnelles qui réclament leurs propres identifications.

Dans ces conditions, le psychiatre de l'âge ne peut plus, comme il le faisait traditionnellement, solliciter une intervention des professions de santé à partir de ses propres catégories diagnostiques. Il doit connaître celles de chacune des professions de santé avec lesquelles il est amené à œuvrer et en respecter l'originalité. L'universalité des concepts médicaux, donc psychiatriques, n'est plus ni acceptable ni acceptée. Les concepts des professions de santé doivent être mis dans le soin au même niveau que les concepts médicaux. La maîtrise conjointe du soin nécessite cependant qu'elle soit toujours placée sous une autorité qui, dans certaines circonstances et selon la problématique clinique, peut être tantôt celle du médecin tantôt celle d'une profession de santé particulière.

La procédure médicale a ses exigences. Nous avons vu en quoi la pratique géropsychiatrique peut s'y plier pour réaliser ses objectifs. Méthodologiquement, le symptôme y correspond généralement à un choix de manifestations comportementales en fonction d'un objectif thérapeutique précis dans une perspective synchronique et diachronique. Il peut être nuancé par une approche idéologique qui impose au thérapeute un regard différent sur ce qui doit être observé et en modifie l'insertion séméiologique. Ainsi, le symptôme psychiatrique, élément essentiel de la stratégie médicale, est polysémique et relatif à une insertion conceptuelle.

Il n'en reste pas moins que *par rapport au soin, le symptôme psychiatrique n'est plus, en psychiatrie et en psychiatrie gériatrique, l'élément unificateur de la démarche de soin.* Il entre en compétition avec les procédures propres à toutes les professions de santé qui interviennent dans le champ des comportements et des conduites et dont il est complémentaire. Le vocabulaire psychiatrique a, dans ce contexte, la particularité de donner des significations différentes au vocabulaire vernaculaire. La stratégie thérapeutique de nature scientifique rencontre celles du bon sens et du sens commun avec lesquelles elle ne doit pas être confondue. C'est une des difficultés majeures de la psychiatrie et de la psychiatrie gériatrique de les bien distinguer, alors que le psychiatre est, comme tout être humain, porteur d'une culture de bon sens et de sens commun.

# Chapitre 10
Influences des autres disciplines médicales sur l'émergence de la psychiatrie gériatrique et de son vocabulaire spécifique

A. L'intérêt d'une psychiatrie par âge que l'on connait aussi pour l'enfant depuis le début de la deuxième décennie de ce siècle et qui est actuellement admise pour l'adolescent se justifie pour plusieurs raisons.

a) L'une de ces raisons est que certaines populations ont été et sont médicalement délaissées telle celle des âgés soit parce que leur abord et leur prise en soins se révèlent trop difficiles, ingrats, peu valorisants, voir trop coûteux, soit parce qu'ils sont jugés inutiles. Ce désintérêt a souvent été lié au fait que ces groupes de patients ont été considérés comme ne relevant pas ou plus de la technique médicale. On a pu y voir pour l'âgé, à l'opposé de la *gérontophilie* déjà dénoncée par Ch. Féré (1905) et étudiée par Kraft-Ebing et Havelock Ellis, une indéniable ***gérontophobie***. Il faut néanmoins rappeler là que le rôle principal de la Médecine est autant de s'attaquer aux problèmes cliniques qui n'ont pas encore été résolus qu'à ceux qui le sont déjà.

b) Une autre raison tient à la nécessité, pour résoudre ces problèmes, de leur découvrir ou de leur créer une spécificité. C'est alors que la dynamique de la recherche clinique exige une multiplication des approches pratiques et théoriques. C'est là aussi qu'elle réclame la présence de ce mouvement permanent, que l'on a évoqué plus haut, qui va du particulier au général et vice-versa. Car, c'est à cette condition que se valide et reste validée une connaissance qui s'enrichit et se diversifie.

B. Au cours de ces dernières années, nous pouvons déceler, dans l'histoire de la psychiatrie gériatrique, trois terrains sur lesquels s'est dessinée cette tendance qui a respectivement conduit :

a) premièrement, de la psychiatrisation du somatique à la dépsychiatrisation du psychiatrique avant d'aboutir à la psychiatrisation raisonnable de ce qui devait l'être pour l'âgé par des psychiatres spécialement formés pour cela ;

b) deuxièmement, de la reconnaissance de la psychiatrie gériatrique dans le champ de la psychiatrie à celle de la psychiatrie gériatrique dans celui de la médecine de la personne âgée ;

c) troisièmement, de l'autonomisation de la psychiatrie gériatrique à l'avénement de la psychiatrie gérontologique.

C. *La psychiatrisation des cas somatiques*

Il est évident que, lorsqu'en médecine somatique, on ne sait pas, on ne veut pas ou on n'estime pas nécessaire de s'occuper médicalement d'une population qui a des besoins propres, on fait surgir des réactions comportementales inévitables chez ceux qui la compose. Celles-ci sont rapidement qualifiées de psychiatriques parce qu'elles permettent de reléguer le patient dans un lieu qui évite à beaucoup de soignants et de ses proches d'en vivre la réalité. C'est une constatation qu'il faut admettre, car elle a été faite dans la plupart des hôpitaux généraux, et surtout dans les hôpitaux universitaires.

Au moment où, au XXe siècle, les personnes âgées ont commencé à affluer plus qu'auparavant vers le milieu hospitalier, c'est-à-dire vers la fin de la cinquième décennie de ce siècle, cette pratique n'a pas mis beaucoup de temps à se retourner contre leurs auteurs. Elle les a, d'une part, rapidement interrogés sur le sens de la médecine et de leur médecine. Elle les a, d'autre part, questionnés sur la fiabilité des structures architecturales et fonctionnelles de soins qu'ils contribuaient à pérenniser sans les faire évoluer au gré des nécessités des patients qui leur étaient confiés et de la communauté qui leur faisait une confiance trop aveugle.

Pour illustrer ces faits, nous avons en vue l'histoire vécue d'une personne âgée admise en hôpital général pour un problème circulatoire des membres inférieurs. Installée dans une chambre auprès d'une autre personne âgée, elle s'est finalement retrouvée dans des délais extrêmement brefs à l'hôpital psychiatrique pour une raison simple qui n'avait pas été prise en compte. Cette personne, en effet, constata rapidement que sa voisine de lit venait d'être amputée d'une jambe pour un état clinique qui, pour elle, avait quelques ressemblances avec le sien et qui pouvait devenir le sien, ce qui n'était pas le cas. Il s'en est suivi un état d'agitation dont la signification n'a pas été perçue sur place et a été traitée au premier degré, c'est-à-dire par l'éloignement.

D. *La gériatrisation des jeunes adultes*

Un mouvement d'une autre ampleur s'est produit parallèlement dont nous ne ferons état que dans le champ de la psychiatrie.

Comme, lors des débuts de la pédopsychiatrie, où il se réclamait du savoir infus de la psychiatrie de l'enfant, le psychiatre d'adulte s'est longtemps arrogé impunément un savoir sur l'âgé qui commençait à avoir ses règles et pour lequel il fallait acquérir une formation spécifique. Pour ne pas s'y soumettre, il continua sans raison d'assimiler la *déchéance* à l'âge. Ceci eût pour conséquences de l'amener à rejeter d'autres catégories de patients déficitaires comme ne faisant pas partie de son domaine de pratique. Ce fût, d'une part, le cas de celle des adultes jeunes présentant des perturbations comportementales liées à une encéphalopathie quelle qu'en fût la nature et la cause. Ce fût, d'autre part, le cas de tous ceux qui étaient de plus atteints dans leur intégrité corporelle. Ceci conduisit, en milieu hospitalier, à soutenir indûment le regroupement de ces derniers avec des personnes âgées, elles-mêmes mises à l'écart pour des motifs identiques. Qui n'a pas entendu parler des services communément appelés « de chroniques et de gériatrie » dans lesquels étaient refoulés les laissés pour compte.

Pour faire cesser cette manière de penser et de faire, il fallut faire disparaître cette ségrégation et exiger la réalisation de structures de soins adaptées à chacune de ces populations et à d'autres dont la longévité antérieurement brève commençait à s'allonger sérieusement. Nous pensons là à celle des jeunes oligophrènes qui, de leur côté, restaient victimes d'une confusion tenace entre le handicap mental et l'affection psychique et d'un amalgame entre les rôles respectifs des *lieux de vie* et des *lieux de soins*.

Il fallut reprendre l'étude du côtoiement thérapeutique de tous les patients souffrant d'un mal mental et bloquer cette « purification » de la psychiatrie de l'adulte jeune.

E. *La juvénilisation des âgés*

Dans un élan inverse, cette gériatrisation des cas psychiatriques de l'adulte jeune s'est accompagnée d'une revendication à garder dans le giron de la psychiatrie d'adulte jeune un certain nombre de patients âgés triés sur le volet, en particulier ceux qui étaient exempts d'affection cérébrale et qui étaient ingambes. Derrière ces exigences, pointaient aussi des problèmes corporatifs, pour ne pas dire «clientélistes», qui en rendaient cette attitude paradoxale.

Mais, de la même façon que les jeunes oligophrènes ont eu plus récemment de la difficulté à faire reconnaître leur appartenance à la psychiatrie infantile dont ils constituèrent longtemps le noyau, la psychiatrie gériatrique se trouvait poussée à être celle des déments. Cette situation ne pouvait durer et ne dura pas.

F. *La dépsychiatrisation des cas psychiatriques*

Grâce à la compréhension et la coopération des uns et des autres, la psychiatrie gériatrique se vit reconnaître sa spécificité dans le champ psychiatrique et les tendances qui viennent d'être indiquées se corrigèrent à son avantage.

On assista alors dans un autre champ, celui de la médecine de la personne âgée, surtout dans les structures gériatriques neuves, à ce que l'on peut appeler une banalisation coupable et une «dépsychiatrisation» des cas réellement psychiatriques.

Cette dérive, qu'il fallut contrer, peut s'expliquer de plusieurs manières, dont :

a) premièrement, la persistance à traiter selon le même schéma ce qui socialement relève de la personne âgée et ce qui médicalement relève du patient âgé à un moment où la psychiatrie était l'alibi de ce qui n'était pas fait sur le plan social ;

b) deuxièmement, la difficulté d'une autre discipline naissante, la gériatrie, à trouver sa voie et son créneau thérapeutique, donc son identité, faute d'une conceptualisation valable.

Dans la première perspective, les besoins du patient âgé n'étaient vus que comme une variable quantitative de ceux de la personne âgée. Ils étaient essentiellement ceux d'une nécessité estimée prioritaire à créer des moyens d'hébergement collectifs de sujets dépendants. C'était généraliser à toute la population âgée des besoins qui ne concernaient que certains d'entre eux. C'était prendre le moyen pour l'objectif. C'était engager dans la précipitation une action immédiatement plus facile que de travailler sur le fond d'un nouveau problème de société et que d'offrir une solution suffisamment réfléchie quant à la finalité et aux conséquences à plus long terme de cette action.

Dans la deuxième perspective, c'était vouloir effacer, sous couvert d'une pratique somatique, le profil psychiatrique des patients âgés psychologiquement inacceptable dans nos sociétés comme d'ailleurs tout ce qui est psychiatrique. Le concept d'affection mentale, qui, pour certains, n'est pas considéré comme partie d'une technique d'approche spécifique des troubles comportementaux, fait curieusement toujours peur.

Vers le début de la septième décennie du XXe siècle, la gériatrie, repoussée du côté de la médecine interne et de la médecine générale, a tenté, dans sa quête d'identité non encore totalement résolue en Europe, d'envahir un terrain psychiatrique déjà occupé et qui n'était nullement de sa compétence. Elle a voulu drainer ou a été poussée à drainer tous les problèmes médicaux de la population âgée dont les problèmes psychiatriques. Son intrusion dans le champ psychiatrique rejoignait les efforts entrepris par certains psychiatres d'adulte jeune pour écarter d'eux le patient âgé atteint d'affection psychique dans un tri inadmissible de la population qu'ils avaient la responsabilité et l'obligation de traiter et de soigner.

Comme nous l'avons dit, ces percées furent vaines du côté psychiatrique. Quant aux gériatres, il leur fallut bien comprendre d'abord l'aide que la psychiatrie gériatrique leur prodiguait pour se bien définir en les tolérant momentanément sur son terrain. Il leur fallut aussi commencer à admettre ensuite qu'ils n'étaient pas et ne pouvaient être les seuls gestionnaires d'une médecine de la personne âgée qui bénéficiait de plus en plus des apports dans la vieillesse de chaque discipline médicale spécialisée déjà établie.

Rappelons encore ici que le juste chemin de la gériatrie semble celui d'une pratique médicale somatique plus proche de la physiatrie ou médecine physique et de rééducation fonctionnelle dans une visée d'adaptation sociale. La gériatrie peut ainsi opérer dans le deuxième temps d'interventions médicales spécifiques en coordonnant toutes les données et les acquis obtenus à ce moment-là et en visant spécialement l'adaptation fonctionnelle nécessaire à une insertion sociale suivie jusqu'à son terme.

C'est là qu'au lieu de vouloir *dépsychiatriser l'âge* en le gériatrisant ou *désinstitutionnaliser* la psychiatrie gériatrique, il est préférable, comme nous l'ont appris des mouvements plus récents, de vouloir réaliser une bonne psychiatrisation et une bonne institutionnalisation quelle qu'en soit la nature, c'est-à-dire une psychiatrisation scientifiquement convenable et une institutionnalisation dont on reste capable de maîtriser raisonnablement l'organisation fonctionnelle.

Chapitre 11
La spécification soignante et son impact sur la pratique de la psychiatrie gériatrique
L'avènement des professions dites de santé et le désemboîtement des structures fonctionnelles de soins

A. Lorsque E. Freidson (1984) parle de *profession médicale*, il ne l'entend pas au sens large de métier. Il dénomme *une activité médicale autonome dans le cadre d'un service rendu à une collectivité*. Celle-ci lui assigne une mission. Le corps médical définit les modalités de formation de ses futurs collègues. Il en contrôle le niveau de connaissances que l'on doit exiger de lui et les aptitudes des candidats à exercer la médecine selon des règles établies. La législation, qui régit la profession, est en majeure partie le fait de la profession elle-même qui est pratiquement indépendante de l'opinion des profanes.

L'essor de la pratique médicale montre cependant le flou relatif de ces limites. Certes, cette pratique dépend d'elle-même, mais elle dépend aussi de celle des membres de la communauté qui pourraient ne pas y faire appel. Le régime d'assurances, qui en couvre les frais, peut à l'évidence exiger de ses assurés qu'ils se soumettent à certaines contraintes pour en tirer avantage. La profession médicale subit donc, à son tour, un autre contrôle que le sien propre, rendu de plus indispensable parce que la gestion personnelle qui lui est octroyée n'a jamais été exempte de critiques.

Au cours de ces dernières années, cette dépendance partielle se complétait d'une subordination au médecin d'une série de *professions* dites *paramédicales* parce qu'exerçant dans le halo de la procédure médicale. Mais comme nous l'avons déjà relevé à une autre occasion, ces professions, sous l'appellation nouvelle de *professions de santé*, sont devenues l'une après l'autre progressivement indépendantes du médecin. Leur accession à ce statut se produisit dans le même temps où la psychiatrie gériatrique améliorait son savoir et sa pratique en se choisissant des objectifs plus en conformité avec les nécessités des patients âgés. Elle alla de pair avec une modification fondamentale de l'organisation des soins.

B. Il faut dire que le qualificatif de *santé* accordé à ces nouvelles professions n'est que momentanément recevable pour marquer une prise d'*autonomie soignante*, car même la référence à la définition de la santé de l'OMS est peu claire et critiquée. Cependant la santé, qui, on l'a dit plus haut, n'est pas un concept médical, bien que le médecin y participe indirectement dans le sens que lui donne le langage populaire, a le mérite d'affirmer une distinction devenue nécessaire entre la fonction du médecin et celle des autres professions soignantes.

Néanmoins, pour qu'une profession de santé soit bien identifiée, il faut qu'elle puisse prouver qu'elle dispose d'une conceptualisation et d'un vocabulaire qui lui soient propres, d'objectifs précis et d'une méthodologie originale.

a) Ainsi, l'*infirmier(ère)* dispose de plusieurs théories pour opérationnaliser son action de soins dont certaines sont mieux adaptées que d'autres aux problèmes comportementaux rencontrés en psychiatrie gériatrique. De la sorte, le processus de soins infirmiers a dû s'accorder avec des théories, telles que celles de V. Henderson, E. Adam ou I.M. King.

V. Henderson définit les soins infirmiers à partir de l'approche conceptuelle des besoins de l'être humain selon E.I. Thorndike (1940) pour lequel tout besoin correspond à un besoin vital. L'infirmier(ère) doit donc identifier le patient comme une personne qui présente quatorze besoins vitaux fondamentaux sur la manifestation desquels l'affection va exercer des modifications. Pour mémoire, ses besoins sont respirer, boire et manger, éliminer, se mouvoir et se maintenir en bonne posture, dormir et se reposer, se vêtir et se dévêtir, maintenir la température du corps dans les limites normales, être propre et soigné en protégeant ses téguments, éviter les dangers, communiquer avec ses semblables, agir selon ses croyances et ses valeurs, s'occuper en vue de se réaliser, se recréer et apprendre.

Dans la *théorie de la réalisation des objectifs* de I.M. King, les soins infirmiers sont envisagés comme un processus d'interactions humaines entre l'infirmier et le patient devenu son «client» dans lequel chacun a sa manière de percevoir l'autre et la situation à résoudre et où, par la communication, tous les deux fixent ensemble des objectifs, étudient les moyens de les réaliser et s'accordent sur ces moyens. La description de systèmes personnels, interpersonnels et sociaux forme le cadre dans lequel se forgent les concepts utiles pour y parvenir, tels que les concepts de *croissance* et de *développement*, de *transaction* ou de *stress*.

b) L'*ergothérapeute*, de son côté, fait appel aux concepts d'*acte*, d'*action*, de *tâche*, d'*activité* qui forgent son identité au niveau de la lecture séméiologique des comportements et à celui de leur abord thérapeutique. C'est dans la manière dont le patient emploie et gère du matériel, tel que le bois, l'étoffe, le papier, la terre, etc., et l'instrumentation qui s'y rapporte en vue d'une réalisation déterminée et parfois créative que, dans l'atmosphère psychothérapeutique requise, se situe le traitement. Il faut reconnaître que cette démarche ne correspond plus désormais au caractère essentiellement «occupationnel» qui lui a antérieurement été attribué.

c) Le *physiothérapeute* se définit d'abord par le type de traitement, qu'il utilise. Il tire profit des *agents naturels* ou *physiques*, tels que l'air, l'eau, la chaleur, le froid, la lumière, l'électricité. Il s'adresse à la *manipulation* et au *massage* des tissus mous, des masses musculaires ou des viscères, ainsi qu'au *climat*, à l'*altitud*e, aux *exercices physiques* et au *repos*. C'est ce qui, avec l'adaptation des orthèses et prothèses, délimite un champ d'action dans lequel s'intègre l'offre psychologique appropriée.

Le *physiothérapeute comportementaliste* dispose de plus d'une formation qui lui permet non seulement d'appliquer sa thérapeutique à des patients atteints d'affection psychique, mais encore d'utiliser sa technique pour observer et participer à la modification de certaines conduites pathologiques.

d) Le *thérapeute de la psychomotricité* s'intéresse, quant à lui, au *mouvement*, au *geste*, à l'*attitude* et à la *posture* dans leur contexte spatio-temporel en fonction d'un vécu corporel. C'est dans la modification du profil clinique qui lui est ainsi révélé que s'engagent ses prestations thérapeutiques. Parmi ses instruments les mieux structurés, citons différentes *techniques de relaxation* (technique de relaxation de E. Jacobson, training autogène de J.H. Schultz, technique d'abréaction autogène de W. Luthe, méthode de relaxation de J. de Ajuriaguerra, etc.), l'*eutonie de G. Alexander*, la *rythmique de E. Jaques-Dalcroze*, la *musicothérapie* et la *danse thérapie*.

e) Le *sociothérapeute* prend pour cible la nature et la qualité de l'*afférentation sociale* du patient. C'est l'analyse du réseau environnemental qui lui fournit les éléments de son intervention. C'est par la découverte du milieu de vie du patient et la connaissance que le patient en a que s'effectue une pédagogie sur ce que le patient doit en savoir et utiliser pour réussir son intégration. Le sociothérapeute contribue aussi à mettre en place les moyens nécessaires pour que le patient y parvienne, en fasse l'apprentissage et arrive à suivre son évolution et ses mouvements, voir pour qu'il y offre sa participation.

f) Le *travailleur social vérifie comment le patient peut bénéficier des acquis sociaux*. Il le soutient dans ses rapports avec ses proches, le défend dans ses droits, l'oriente dans ses difficultés, en particulier d'ordre administratif, lui crée ou contribue à lui assurer les conditions matérielles d'une vie décente.

g) Le *logopédiste étudie les modes de communication du patient, tant sur le plan gestuel qu'oral ou écrit*. Lorsque le langage et la parole sont impliqués, les différentes formes d'aphasie, de dysarthries et de dysphonies, ainsi que les difficultés liées à la présence d'une affection mentale sont l'objet de prises en soins. Les modalités techniques proprement dites, guidées par l'attitude psychothérapeutique qui convient, font appel à une série d'exercices qui portent autant sur la répétition que sur les textes lacunaires, les phonèmes (perception, discrirmination), la syntaxe, les verbes, le lexique (synonymes, antonymes, similitude, évocation, dérivés, recherche du mot exact) et le langage propositionnel (explication de proverbes, de locutions ; récit, description, narration).

Le logopédiste cherche ainsi à fournir au patient âgé les moyens d'entretenir ses capacités de communication du moment, de les corriger, de reconstruire ce qui est altéré, de compenser ce qui est perdu en utilisant ce qui est maintenu et de les développer.

h) L'existence actuelle d'un corpus scientifique autonome de psychogérontologie clinique fait que le *psychogérontologue* est actuellement le mieux préparé des *psychologues* pour répondre, de manière spécifique, aux problèmes psychologiques posés par le vieillissement, la vieillesse et la personne âgée. Il se centre sur *le fonctionnement psychique du patient âgé et de son entourage*, donc aussi des soignants dans leur ensemble. Il peut en éclairer les aspects les plus complexes. Il peut permettre d'en comprendre les conséquences sur les conduites présentes. Il peut parfois les expliquer. Il doit surtout chercher à les modifier quand cela est nécessaire. Il a un outil psychothérapeutique qui lui est propre et qui repose sur des bases théoriques solides et bien argumentées dont celle, par exemple, de la *psychothérapie cognitive de groupe*.

L'identification d'une profession de santé et de ceux qui la représentent n'est jamais définitivement acquise. Elle se construit et se gagne jour après jour dans le même temps où elle doit laisser la place à l'émergence possible de nouvelles disciplines de soins. Cette constatation, qui suppose l'essor de spécificités, se heurte constamment à la philosophie globaliste ou holistique souvent revendiquée par le corps infirmier. Il est également incontestable que la dénomination générique de profession de santé devra être revue, car elle est tout à fait inadéquate à ce qu'elle recouvre en réalité.

C. De la réunion chaleureuse de ceux qui se côtoient dans le soin, la **notion d'équipe** a dû, pour devenir efficace et vraiment professionnelle, évoluer vers une structuration qui s'accorde avec des principes et des règles précis (J. Richard, 1994).

La lecture séméiologique que chacune des professions de santé actuellement reconnues fait des patients âgés dessine à ces derniers des profils cliniques particuliers. L'élaboration d'un savoir à utiliser et à transmettre doit cependant se compléter d'une mise en forme qui permette une communication correcte avec toutes les autres catégories soignantes.

C'est ainsi que la notion d'équipe, telle que comprise, au XXe siècle, en psychiatrie à la fin des années 60, a vécu en psychiatrie gériatrique. Certes, la composition de l'équipe peut changer numériquement et qualitativement avec les buts qu'elle se propose d'atteindre. Mais ses membres ne peuvent y fonctionner que selon les critères de leur formation de base. De plus, lorsque les interrelations entre ces membres aboutissent à une trop grande uniformisation de doctrine, l'équipe tombe inévitablement dans le dogmatisme et perd toute dynamique utilisable sur le plan thérapeutique. Les membres ne peuvent plus répondre au nom de l'ensemble des autres membres de l'équipe. La coordination des actions de soins ne peut plus faire systématiquement appel à l'existence d'un chef d'équipe, car la responsabilisation de ses membres doit rester catégorielle et individuelle. Elle est répartie d'une autre manière, afin qu'il y ait une distribution toujours plus efficiente des tâches à assumer et qu'il n'y ait plus les recouvrements de rôles si fréquemment observés et parfois sciemment entretenus dans la période précédente.

L'adhésion à un groupe soignant ne suffit donc pas à former l'équipe. La qualité des soins et leur diversification nécessitent d'abord une identification nette des professions qui appliquent le soin. L'intervention thérapeutique conjointe exige alors que l'on respecte les préceptes qui ont dû être établis pour gérer la pluri- (ou multi-), l'inter-, l'intra-, la trans- et la supradisciplinarité qui seront exposées au chapitre suivant.

D. Cette nouvelle identification des professions soignantes a entraîné un *« désemboîtement »* *des structures fonctionnelles de soins* et contraint d'envisager différemment la maîtrise de la conduite de soins.

Dans l'organisation traditionnelle des soins en psychiatrie, il était fait appel à deux catégories essentielles de soignants, les médecins et les infirmiers, en particulier en milieu hospitalier.

Nous ne reprendrons pas ici l'histoire des soins infirmiers depuis F. Nightingale qui en a donné une des premières définitions dans ses *« Notes on nursing : what it is, and what it is not »* (1859). Non seulement l'infirmier(ère) y était étroitement dépendant(e) du médecin, mais l'organisation soignante était centrée sur elle-même et non sur le patient.

Avec l'apparition des autres professions de santé que la profession infirmière, cette dernière, jusqu'alors responsable de tout ce qui se faisait (ou ne se faisait pas) pour le patient, a subi, il y a une trentaine d'années et pendant plus d'une décennie, une série de crises d'identité pour ne pas s'être préoccupée de se définir suffisamment tôt un rôle spécifique comme ce fût le cas par la suite. Les liens privilégiés de l'infirmier (ère) avec le médecin disparurent. Ils devinrent les mêmes que ceux des autres professions de santé qui se profilaient dans leur sillage. Les soignants n'étaient d'ailleurs pas attribués à un patient déterminé, mais à une structure soignante, telle que l'unité de soins.

Dans l'évolution qui s'ensuivit, un terrain de pratique particulier en milieu hospitalier géropsychiatrique fut accordé à chaque catégorie soignante. L'unité de soins hospitalière devint l'unité de soins infirmiers sur laquelle pouvaient opérer horizontalement le corps médical et toutes les autres professions de santé. Ainsi le médecin ne fut plus le médecin de l'unité de soins infirmiers, mais celui d'un patient géré, dans cette unité, par les infirmiers(ères) dans les limites de leur compétence. Il devint concevable qu'en plus des infirmiers(ères), interviennent dans une même unité de soins ainsi administrée, autant de médecins et de professionnels de santé de catégorie différente que de patients dans l'unité.

A l'emboîtement des structures fonctionnelles de soins devenu avec le temps trop rigide, succéda le *« désemboîtement »* en question qui fut parfois mal vécu par les soignants, mais nécessaire à la qualité des soins dûs aux patients âgés. Malgré les résistances durables à ce changement qui bouscule les rapports les plus habituels non seulement des soignés et des soignants, mais aussi des professions soignantes entre elles, cette orientation qui est un pari sur l'avenir reste un des moyens possibles pour rendre plus efficiente une conduite de soins. Il l'est, en particulier pour les soins comportementaux, lorsque l'on respecte l'autonomie reconnue maintenant à chaque profession de santé et que l'on laisse la place à une meilleure flexibilité des structures fonctionnelles de soins qui en détermine le coût.

Chapitre 12
Pluri (ou multi-), inter-, intra-, transet supradisciplinarité
La maîtrise de la conduite de soins

A. Ce sont les groupements de soignants qui forgent ce qu'il est convenu de dénommer l'équipe. Ces groupements sont maintenant de deux types.

Le premier est *catégoriel* et reconnu dans une identité professionnelle. Il y a l'équipe des infirmiers, des psychologues, des thérapeutes de la psychomotricité, etc. Chacune d'entre elles a un mode d'organisation et de fonctionnement qui lui est propre et qu'elle gère à sa convenance. Mais l'adhésion à un groupe ne suffit pas à former l'équipe. Celle-ci naît, en effet, d'une dynamique qu'il faut apprendre à maîtriser.

Le second groupement est *relationnel*. Il concerne les rapports qui peuvent et doivent s'établir entre différentes catégories soignantes pour que le traitement du patient devienne le plus agissant possible. Il concerne donc les principes qui doivent régir l'intervention conjointe des soignants et des catégories auxquelles ils appartiennent dans un processus thérapeutique déterminé. C'est là que la connaissance et la pratique de la ***pluri- (ou multi-)***, de l'***inter-***, de l'***intra-***, de la ***trans-*** et de la ***supradisciplinarité*** s'imposent.

B. Pour qu'il y ait pluri- (ou multi-), inter-, intra-, trans- et supradisciplinarité, il faut qu'il y ait des disciplines, c'est-à-dire des domaines définis de connaissances et d'applications différentes du savoir. C'est effectivement dans le domaine propre de la connaissance et de son emploi que sont mis en jeu les mécanismes qui les lient.

De ce dernier point de vue, il y a lieu d'envisager trois niveaux d'utilisation :

a) premièrement, celui du corps médical lui-même qui règle les rapports des médecins entre eux ;

b) deuxièmement, celui du corps soignant élargi à tous les professionnels de la santé ;

c) et troisièmement, celui des membres de la communauté de vie du patient, de sa famille et de ses proches dont font partie les soignants, les intervenants sociaux, les politiciens et administrateurs de la santé publique. C'est à la jonction des discours souvent différents du sujet âgé, de ceux qui l'entourent, des politiques, des gestionnaires et des soignants que se décide l'allure de l'action à entreprendre.

1. *La pluri- (ou multi-) disciplinarité*

La *pluri- (ou multi-) disciplinarité* semble surtout assurer le respect de l'identité et le développement de chaque discipline impliquée dans une tâche de soin commune. Chaque discipline peut, en effet, faire une approche et un traitement différencié d'un même problème. Ceci permet souvent d'activer et d'élargir la façon dont on pose ce problème.

La pluridisciplinarité est donc source de *créativité*. Elle ne fait pas dépendre son progrès des autres. Elle est nécessaire pour que chaque discipline apprenne à connaître les services qu'elle peut rendre et qui peuvent lui être rendus. Elle crée l'habitude de poser les problèmes dans des termes plus généralement accessibles aux autres. Elle laisse coexister dans l'action des modes d'intervention spécifiques justifiés par des objectifs qui leur sont propres. Mais elle peut ruiner des efforts qui, individuellement corrects, n'en restent pas moins contradictoires. L'ajustement réciproque d'une *juxtaposition d'actions* est, en effet, laissée au libre-arbitre des intervenants. Quelle que soit la qualité individuelle de leur offre et de leur disponibilité, le patient peut pâtir d'une pluridisciplinarité qui risque de plus d'être mal assurée.

A titre d'exemple, rappelons comment le psychiatre et le thérapeute de la psychomotricité, pour ne citer qu'eux, envisagent la ***respiration*** en coucourant à un élargissement de chacun de leurs points de vue envisagés isolément.

a) Pour le psychiatre, la respiration est le témoin d'un état affectif qui s'extériorise, d'une peur qui s'exprime, d'un appel à la communication, de la recherche d'une relation ou d'une demande d'apaisement. Elle est toujours soumise à la procédure la plus habituelle en médecine qui va du symptôme à la maladie et du diagnostic au traitement d'abord étiologique.

Dans ce cadre, la respiration est d'abord rapportée à une manifestation clinique établie. Elle est ainsi un des facteurs qui permet de distinguer, depuis E. Brissaud, l'*anxiété* de l'*angoisse*. L'*anxiété* est l'état de désarroi psychique présenté devant un danger indéterminé et imminent. Il s'associe à un sentiment d'insécurité, mais n'a pas de traduction somatique. L'*angoisse* est une peur qui s'accompagne d'une symptomatologie organique dont fait partie la respiration. Cet aspect de la respiration est ensuite intégré à une des chapitres de la nosologie psychiatrique : perturbations thymiques, délirantes, dissociatives, confusionnelles, démentielles, névrotiques, etc., et traité en référence à une méthodologie causale de type linéaire ou à répercussivité circulaire.

b) Le thérapeute de la psychomotricité constate, comme le psychiatre, que la respiration, imprimant son rythme à la vie de l'organisme, est assujettie à la volonté. Il retient aussi qu'elle trahit l'affectivité du sujet et rend compte de ses émotions, donc de ses conflits.

Si ces émotions peuvent «couper le souffle», la respiration peut se montrer calme lorsque le sujet est apaisé ou assouvi. Elle peut être soumise à des à-coups qui la retiennent jusqu'au cri ou au pleur et qui la bloquent. Elle peut ainsi se ralentir, s'accélérer, perdre sa profondeur, rompre sa cadence et s'interrompre. Elle influe sur la parole. Elle provoque ou exagère un bégaiement. Elle est le lieu d'une prise de conscience corporelle, donc de structuration d'un schéma du corps. Elle permet avec les mêmes critères d'amplitude, de tempo, de localisation, de régularité, de stabilité et de souffrance de noter si et de quelle manière ses modifications témoignent ou non d'un changement explicite ou implicite de l'affectivité et de la thymie.

c) Mais c'est par la recherche des moyens susceptibles de modifier cette apparence que le thérapeute de la psychomotricité perçoit différemment du psychiatre ce qu'il observe et qu'il peut envisager une approche thérapeutique qui lui est propre.

L'originalité du matériel qu'il utilise (ballons, cerceaux, tambourins, miroir, etc.) et des situations qu'il crée avec le sujet en jouant sur des contraintes de temps et d'espace enrichissent et spécifient son point de vue. Il intervient à sa manière sur l'attitude, le mouvement, le rythme, l'activité, le repos, la relaxation ou certaines composantes de l'environnement telles que le silence ou la musique, pour amener le sujet à un meilleur contrôle de ses contenus psychiques sans qu'il y ait renvoi obligé à une maladie médicalement définie.

Le thérapeute de la psychomotricité offre là un cadre adaptatif d'un autre ordre que celui du psychiatre. Il tente avec et pour le sujet un ajustement au milieu à partir d'un profil psychomoteur qu'il a défini. L'affection à traiter trouve donc son éxutoire dans la particularité d'un champ d'observation défini, dans la façon d'y accéder, dans une lecture orientée de la conduite motrice et surtout dans l'usage des moyens employés pour contenir le mouvement psychique qu'ils dénotent.

2. L'interdisciplinarité

L'*interdisciplinarité* a une fonction différente. Elle suppose, sur le plan du savoir, *échange de modèles et de points de vue*. La structure introduit un ensemble de relations nécessaires qui dépasse la limite des phénomènes et permet de les expliquer. En tant que système de transformation, elle fixe l'attention sur des liaisons qui ne sont plus observables en tant que telles. Le partage entre les disciplines se conforme à la multiplicité des relations qui s'instaurent entre les structures et qui peuvent même être déduites de structures en action connues.

L'interdisciplinarité *maintient, dans l'action, l'efficacité du mécanisme d'ordonnance et de décision de la même action*. Les disciplines, comme structures isomorphiques, restent coordonnées à un niveau supérieur. La collaboration crée des interactions dont le jeu demeure contrôlé. Malgré la participation du plus grand nombre à ce mode de fonctionnement, c'est à un groupe restreint, voire à un seul, que revient la finalisation et le choix de l'action. Car, pour obtenir la rapidité et l'efficacité du traitement, il est toujours admis que le savoir de plusieurs soit mis, dans l'intérêt du patient, à la disposition de celui qui est reconnu comme le plus instruit et le plus compétent. Quitte à celui-là de savoir se faire accepter. Car, l'autorité et la responsabilité à plusieurs est encore le bien le plus mal réparti.

Le thème de l'interdisciplinarité évoque donc une *situation de copropriété, qui institue un dialogue entre les intéressés harmonisé par l'un d'eux*. Il autorise, sous certaines conditions, l'accès direct du patient à tous les soignants.

Expliquons-nous sur ce dernier point. La loi sur les affections mentales votée par chaque communauté donne habituellement au psychiatre la responsabilité de l'élaboration et de la réalisation du traitement. C'est dire qu'aucune démarche des professionnels de la santé ne devrait pouvoir être entreprise qu'à sa demande et sous son contrôle. En effet, à première vue, une relation thérapeutique qui s'engage dès le contact initial avec le patient ne doit pouvoir être troublée par une autre approche. Or, celle-ci est nécessaire pour le développement de n'importe quelle profession soignante.

Prenons l'exemple de la profession infirmière. Ses objectifs étant spécifiques, l'infirmier(ère) doit pouvoir écouter en colloque singulier le patient ou sa famille sans troubler le plan d'intervention thérapeutique décidé par le psychiatre. Il (elle) peut d'ailleurs éclairer des aspects de la conduite à traiter dont ce dernier peut tirer bénéfice. Il (elle) doit toutefois contrôler le lien qui va s'établir avec le patient pour ne pas ruiner sur ce plan ce qui est entrepris ailleurs. Cette intervention directe est possible pour toutes les professions de santé même si, par la suite, elle ne s'intègre pas au programme défini par le psychiatre. Elle est soumise à une condition, celle que le psychiatre soit, à chaque fois, prévenu des buts et limites de l'intervention envisagée.

Si nous élargissons cette conduite de soins à toutes les professions soignantes capables d'offrir leurs prestations au patient âgé atteint d'affection mentale, sous réserve de l'information au psychiatre exigée par la loi, l'intervention conjointe de plusieurs de ces professions doit, selon le moment évolutif de l'état du patient, être sous la responsabilité du représentant de l'une d'entre elles. Son choix peut dépendre de la prestation la plus utile au moment dit. Les interventions des autres professions et leurs modalités sont alors décidées en dernière instance par le responsable désigné après discussion de la valeur de l'offre proposée et de ses résultats probables. Les proches du patient peuvent en cours d'intervention être impliqués dans ce processus.

La *maîtrise actuelle de la conduite de soins dans la pratique quotidienne de la psychiatrie gériatrique* relève de cette nouvelle manière d'opérer qui sait valoriser chaque apport soignant et inaugure des rapports de solidarité certes plus égalitaires, mais surtout plus effectifs pour le patient.

3. L'intradisciplinarité

L'*intradisciplinarité* permet la progression d'une discipline par le rapprochement qu'elle s'autorise ou est invitée à faire d'un de ses aspects avec un de ceux d'une autre discipline en les intégrant dans une nouvelle discipline.

C'est ainsi que, dans le cas de la *psychogérontologie*, la psychologie a su tirer du concept de vieillissement apporté par la gérontologie un avantage certain pour parfaire sa lecture d'un fonctionnement psychique qui l'identifie.

Mais, dans une autre optique, la psychiatrie s'est appuyée également sur le même concept issu de la gérontologie pour donner son essor à la nouvelle *psychiatrie gérontologique*, celle qui use de la méthode de la psychiatrie gériatrique en dehors de l'âge de la vieillesse en s'appuyant sur le même concept de vieillissement libéré des notions de déclin et de déficit.

Nous aurions pu aussi prendre l'exemple de la *neurolinguistique* née à la fois de données de la neurologie et de la linguistique.

4. *La transdisciplinarité*

La *transdisciplinarité* annoncerait l'idée d'une transcendance capable d'imposer son autorité aux disciplines particulières. Elle serait réalisée dès qu'il y a généralisation ou transport de schèmes ou de relations conceptuelles (J.-M. Benoit, 1983). Elle serait le fruit, en vase clos, de négociations avec ce qui coexiste déjà. Elle ne peut cependant être sans que l'on ait préalablement défini une théorie de l'organisation qui relie ordre, désordre et harmonie des principes fondamentaux d'explication. Elle ne peut progresser que par complexification et non par simplification. Car cette dernière est toujours empreinte de falsification ou de dénaturation.

Comme le souligne E. Morin (1990), le principe de *simplicité* sépare, par disjonction, ce qui est lié ou unifie, par réduction, ce qui est divers. Mais «le simple n'est qu'un moment, un aspect entre plusieurs complexités». La *complexité*, ajoute-t-il, mène toujours vers plus de complexité, ce qui conduit «à poser comme notion nouvelle et capitale pour considérer le problème humain : l'*hypercomplexité*». Se situer à un niveau transdisciplinaire permet ainsi «à la fois de concevoir l'unité de la science et la différenciation des sciences, non seulement selon la nature matérielle de leur objet, mais aussi selon les types et les complexités des phénomènes d'association/organisation». L'appel à l'*unicité* laisse le champ libre aux nécessités de la *singularité* et de la *multiplicité*.

Quoiqu'il en soit, la transdisciplinarité offre, en psychiatrie gériatrique, *un lieu de réflexion et de régulation du fonctionnement conjoint de plusieurs disciplines qui, entre elles, se structurent dans et par leur complétude, en préservant leur identité*. Mais le changement qui induit et marque l'évolution n'est pas plus que l'évolution le synonyme obligé du progrès. Elle est une étape importante et attendue, mais non forcément supérieure de la théorisation et de la réalisation de pratiques associées déterminées.

5. La *supradisciplinarité*

La *supradisciplinarité*, quant à elle, articule le savoir, la réflexion et l'action de plusieurs disciplines autour d'un thème commun préalablablement choisi sur l'âgé, tel que pourrait l'être l'écologie, la causalité, la sagesse ou la souffrance.

C. Pour qu'il y ait *équipe*, il faut, comme nous l'avons indiqué au chapitre précédent, que les rôles de chacun des intervenants soient particulièrement bien définis et qu'ils soient mis en œuvre selon des principes précis. La responsabilité doit y être individuelle et non collective.

Il faut une longue formation pour que chaque soignant respecte l'identité de l'autre marquée par la même formation ou par une formation différente. Dans des corps constitués, tels que ceux, par exemple, des logopédistes ou des travailleurs sociaux, il y a, à l'intérieur même de la catégorie, des règles de fonctionnement ou de répartition des tâches, donc d'objectifs différents, alors que les objectifs généraux de soins valables pour plusieurs catégories soignantes sont aussi exigibles de ceux d'une même catégorie. Il y a d'autres conventions dont nous avons fait état lorsqu'il s'agit de l'intervention conjointe de plusieurs catégories professionnelles.

La connaissance de ces règles et conventions doit actuellement faire partie de la pédagogie de tous ceux qui interviennent dans le champ de la psychiatrie gériatrique. Il serait souhaitable qu'elle soit étendue, quand elle ne l'est pas déjà, à toute la pratique psychiatrique.

Si l'on veut à tout prix éviter ou dominer une *déspécification* totale des soignants ou, ce qui revient au même, la possibilité, pour chacun d'eux, de faire appel à toutes les spécifications comme ce fut, à un moment donné, une tendance du corps infirmier, il faut respecter les principes énoncés de la démarche scientifique, ce qui n'est malheureusement pas toujours le cas aujourd'hui. C'est tout le problème de *néostructures informelles* qui, pour novatrices qu'elles puissent être, ne font parfois que reproduire inutilement dans le temps les expériences négatives dont les résultats sont déjà connus dans la longue histoire de la mise en place des structures proprement psychiatriques. Mais c'est à ce prix que peut être maîtrisée la conduite des soins et que, le plus souvent, elle a pu l'être en psychiatrie gériatrique.

Chapitre 13
Le temps dans la pratique de la psychiatrie gériatrique

A. L'histoire présente de la psychiatrie gériatrique montre combien la façon de concevoir le temps est un témoin important des modifications qui se sont produites dans la manière d'aborder et de traiter les affections mentales de la personne âgée.

En milieu hospitalier psychiatrique, le temps consacré aux patients âgés était, à l'entour de 1965, considéré par beaucoup de soignants comme un *temps* «mort», c'est-à-dire un temps où l'on ne fait rien ou un temps où il n'y a rien à faire. L'âgé avait *«fait son temps»* et attendait sa fin. L'âgé lui-même, ainsi que sa famille, son entourage et sa communauté de vie, participaient du même état d'esprit. Toute intervention se limitait, sauf exceptions, à l'octroi des besoins les plus élémentaires de la vie quotidienne (hébergement, hygiène, alimentation, etc.) et à pallier les risques moraux et matériels que l'âgé pouvait faire courir à lui-même et à ses proches.

B. Il y avait, dans notre culture, le *temps de la culpabilité* pour le patient de contraindre ses proches à l'assister et pour ceux-ci de le mal assister ou de l'assister insuffisamment. Il en résultait une attitude particulière de cet entourage pour se donner et fournir aux autres la preuve qu'il s'intéressait à son patient âgé. Il lui fallait éviter de subir l'opprobe d'autrui et ne pas être accusé de manque d'assistance à personne en danger.

C. Il n'y avait pour le soignant aucune valorisation à tirer du fait de cibler son activité sur les soins à l'âgé. Parallèlement, était observée une tendance à opérer un tri des patients à soigner, dirigé en particulier vers ceux qui savaient ou pouvaient exposer et exploiter leur symptomatologie psychiatrique, c'est-à-dire vers les plus jeunes. Les besoins des patients âgés, dont les comportements et les conduites avaient été le plus souvent nivelés par les exigences de la vie institutionnelle, asservis qu'ils étaient par la dépendance dans laquelle ils étaient maintenus, n'étaient que rarement pris en considération.

Ainsi se dégageaient deux catégories de patients susceptibles de recevoir des soins, les patients dits *« aigus »* et les patients *« chroniques »* qui, invariablement, incluaient tous les âges. Se posait alors la question de la répartition des ressources de soins qui, en général, handicapait la dite *chronicité* par rapport à l'urgence somatique et à l'adulte jeune. La notion mal comprise de guérison rejetait dans ce groupe les patients qui ne répondaient pas aux traitements médicaux, justifiant ainsi des *lieux de dégagement* dans lesquels les soins proprement médicaux étaient réduits à leur plus simple expression, quand ils n'étaient pas tout à fait absents.

D. S'ajoutait à ceci une distinction jugée opérationnelle par certains, dont les gestionnaires de la santé publique, entre le *temps du diagnostic* et *celui du traitement*. L'un ne conduisait pas forcément à l'autre, car le diagnostic médical aboutissait le plus souvent à une absence de proposition de traitement. De toute manière, celui qui portait le diagnostic n'avait aucune obligation de soins. Le problème restait le même pour ceux qui tentaient, malgré tout, un essai thérapeutique de durée limitée.

L'offre qui, pour le soigné, témoignait d'un espoir s'arrêtait le plus souvent sans explication. Dans ce contexte, tout le poids des soins était porté par ceux qui œuvraient dans les hôpitaux dits de *« dégagement »*. C'est bien ce qui autorisa les soignants contraints de recevoir ces patients exclus de tout traitement d'acquérir entre eux et pour eux un savoir thérapeutique qu'ils surent négocier par la suite pour le profit des âgés eux-mêmes. Ceci permit, par la même occasion, de montrer l'inanité du discrédit du patient « chronique » et de faire sortir du vocabulaire géropsychiatrique le terme de *chronicité*. Il fallut cependant faire admettre auparavant qu'entre le patient *« aigu »* et le patient *« chronique »*, les soins devaient être de même qualité, mais différenciés et que les ressources à attribuer à l'un et à l'autre devaient être équivalentes, ce qui ne comprirent nullement bien des sociologues de la santé.

Il est, en effet, intéressant de noter que, sous l'influence théorisante de ces derniers, la création plus tard d'*établissements* dits *médico-sociaux* pour réduire les coûts de la santé allait à retardement conduire ces dernières années aux mêmes déboires. Fréquemment, ces établissements n'ont eu de médical que le nom. La meilleure façon de ne pas toucher une enveloppe financière globale et réduite, c'est, en effet, de supprimer totalement l'accès aux traitements possibles.

E. Quoiqu'il en soit, le psychiatre de l'âgé était fréquemment accusé, quand il examinait un âgé, de *perdre son temps*, lorsqu'il n'était pas, en milieu hospitalier psychiatrique, impérativement exigé de lui qu'il ne s'occupe que des patients *« que l'on pouvait sortir »* de l'hôpital. Il put prouver par la suite que l'*utilisation du temps* méritait d'être envisagée autrement et qu'elle passait par un travail en profondeur. Il put démontrer qu'il avait appris à user des structures psychiatriques avec le même dynamisme que le psychiatre se consacrant exclusivement à l'adulte jeune. De plus, à l'instar du pédopsychiatre, il contribua à ébranler en psychiatrie bien des certitudes jamais remises en cause dans la prise en soins de l'adulte jeune.

F. Il fut également facile de constater qu'en milieu hospitalier psychiatrique, c'était le *temps* et le *tempo des soignants* qui réglaient *ceux des soignés* et non l'inverse. Le décalage à l'hôpital des repas à des heures inacceptables dans la vie courante, tels le déjeuner à 11 heures du matin et le dîner à 17 heures, en sont des exemples probants. Ce *temps structurel* et ce *tempo*, c'est-à-dire ce qui rythme toute vie individuelle, durent être corrigés et ne le furent pas sans d'incessants efforts de la part du corps soignant.

G. Le *temps mesuré*, comme celui *imposé* aux soignants pour des raisons d'économie avec des temps de soins obligatoirement *fort* ou *faible*, fut un moyen pour les gestionnaires de justifier le *prix du temps* et la manière de le *rentabiliser* financièrement. Ceci se fait souvent au détriment de la qualité des soins et de la qualité de vie du soignant qui n'est jamais ménagé par les exigences d'un personnel administratif sans expérience des soins, toujours emporté par des soucis comptables et souvent dépourvu d'imagination. Peu se soucièrent de la difficulté psychologique du soignant à consacrer son temps aux patients âgés et, qui plus est, aux seuls âgés.

H. Quant au fonctionnement hospitalier fondé en psychiatrie sur *la répartition des patients âgés en fonction de la durée de séjour*, il ne devait conduire qu'à des aberrations dans la manière de dispenser les soins et à un surcoût. En effet, il ne tient pas compte, d'une part, du fait que l'hôpital psychiatrique est un hôpital pour patients debout et alités, mais plus souvent debout qu'alités. Il ne tient pas compte non plus, comme nous l'avons souligné ailleurs, des avantages reconnus de la

thérapie dite institutionnelle. Encore faut-il que le milieu hospitalier psychiatrique ne serve pas d'alibi à ce qui n'est pas fait sur le plan social ou à ce qui est entrepris sur des projets ou des propositions de théoriciens du « social » qui n'ont jamais l'obligation de les expérimenter eux-mêmes pour juger des difficultés à les ajuster à une réalité de terrain dont ils n'ont le plus souvent aucune idée et que connaissent bien les soignants.

Chapitre 14
Intérêts respectifs des approches déficitaire et capacitaire de la psychiatrie gériatrique dans la réalisation du programme thérapeutique

A. Les modalités de l'adaptation de la personne âgée à son environnement sont le plus souvent jugées en fonction de celles de l'individu plus jeune. Cette appréciation est toujours plus quantitative que qualitative. Elle ne marque pas seulement une différence. Elle souligne un état d'infériorité relatif. Elle se traduit en termes de ***déficit*** ou de ***détérioration***. Il est rarement fait état des bénéfices qui peuvent être tirés de l'âge. Il en est de même pour les comportements et conduites pathologiques observés chez la personne âgée qui entravent plus ou moins gravement ses propres possibilités d'autonomie et de gestion.

C'est sur ce canevas que l'âgé, ses proches, sa collectivité, le médecin et les professionnels de la santé perçoivent ces mêmes comportements et conduites. Par analogie avec la médecine somatique, le psychiatre a cultivé cette tendance à appréhender chez l'individu qu'il observe les ***anomalies*** et les ***manques***. C'est fréquemment sur eux qu'il fonde son raisonnement thérapeutique. Il est évident qu'il est beaucoup plus facile de faire une lecture comportementale déficitaire que capacitaire, même lorsqu'il est démontré que le traitement en psychiatrie gériatrique repose plus ce qui reste que sur ce qui est perdu. Le traitement ne consiste, en effet, pas à y corriger les comportements retenus pour établir un diagnostic, mais répond à des objectifs qui sont décidés après que le disgnostic ait été fixé, quand il peut l'être.

Dans la pathologie mentale de l'âge avancé, se posent donc les questions : a) de savoir si l'on peut obtenir, pour l'âgé, un profit certain d'une approche clinique fondée sur le déficit et de le bien définir ; b) d'affiner le sens et de circonscrire les limites de la séméiologie clinique capacitaire ; c) et d'arrêter les circonstances d'un usage combiné possible des approches déficitaires et capacitaires en vue de réaliser une intervention thérapeutique optimale.

Les obstacles rencontrés jusqu'à présent par les cliniciens en ce domaine sont de plusieurs ordres. Le premier est celui du caractère *constitutionnel* ou *acquis* des troubles observés. Le deuxième est celui de leur *réversibilité*, autrement dit de leur *curabilité*. Le troisième a trait à la fiabilité du diagnostic posé, soit à sa *certitude*, soit à sa *possibilité* ou à sa *probabilité* qui a donné bien du tracas aux tenants du Manuel diagnostique et stastitique des troubles mentaux dit DSM IV. Le dernier est la façon, dont sont employées les notions d'*homogénéité* et d'*inhomogénéité* de la structure comportementale en cause.

1. L'étude des *constitutions* eut sa mode que l'on retrouve peu ou prou dans celle des personnalités. La constitution psychopathique fut considérée comme le terrain explicatif de la pathologie observée, comme l'est, dans certains cas, la personnalité. Ces concepts utiles visent des aspects très généraux du comportement individuel et sont d'un emploi délicat. Le caractère nouveau ou *acquis* d'un trouble peut faire l'objet du consensus de ceux qui l'ont observé. Il peut être retenu comme hypothèse de travail.

2. La notion de la *réversibilité* d'une perturbation comportementale peut être connue par l'expérience, comme dans la confusion mentale. Elle est vécue comme une information positive. L'*irréversibilité* de la même perturbation ne relève le plus souvent que d'un jugement absolu et définitif. Elle est fonction des connaissances du moment et des ressources soignantes à disposition. Sa relativité n'apparaît jamais lorsque l'on en prononce le nom. Elle souligne un pessimisme de mauvais aloi puisqu'il peut être contredit par l'évolution clinique.

3. Quant à la notion d'*incurabilité*, n'est-ce pas le but premier de la médecine de rendre curable ce qui ne l'est pas. A ce titre, la peste et la lèpre ont pu être très longtemps considérées comme incurables. Il n'est d'ailleurs jamais impossible de proposer un soin dans ce cas si ce n'est en ne s'entendant pas sur le sens à lui donner et qui a été évoqué plus haut.

4. Comme nous l'avons déjà noté, le fait de confondre *affection* et *maladie* n'est pas anodin dans l'emploi que l'on fait de la notion de *diagnostic certain, possible ou probable*. En effet, ces qualificatifs n'ont de sens que dans la mesure où sont radicalement fixés les éléments d'une

définition de la maladie sur laquelle repose la procédure médicale. Or, l'organisation, dont relève la séméiologie clinique, n'est toujours que provisoire et des agglomérats nouveaux peuvent surgir à tout instant comme le repérage des composantes d'une nouvelle symptomatologie. A titre d'exemple, signalons que la maladie de Creutzfeld-Jakob isolée dans la troisième décennie de ce siècle, a d'abord été reconnue comme un syndrome, avant que ne soit envisagée sa nature dégénérative, puis affirmée son origine virale, lui permettant d'être qualifiée de maladie. Comme encéphalopathie virale, elle fut ensuite rapprochée du groupe des encéphalopathies spongiformes plus tard considérées comme des maladies à virus lent.

En fait, *un diagnostic est toujours hypothétique*, car il n'est qu'un mode de connaissance d'une situation sur laquelle se fonde et démarre une action thérapeutique. Il n'est pas toujours facile de le faire comprendre et de montrer l'inanité d'introduire, sous le couvert de la nouveauté, des concepts ou des distinctions méthodologiques qui se révéleront plus tard d'un intérêt restreint ou abusifs.

5. Lorsque l'on se livre à l'analyse structurale d'un comportement, il est nécessaire de disposer d'un cadre théorique pour se permettre de dire si l'organisation conjointe de certaines fonctions de l'organisme est, sous des conditions précises et voulues, *homogène* ou *non*. La recherche des comportements qui ainsi s'aménagent ou non selon un ordre particulier relève d'une démarche clinique déterminée qui permet d'établir des ressemblances et des différences entre tableaux cliniques et de proposer de nouveaux modes d'abord thérapeutique. Mais une structure comportementale ne peut être dite inhomogène sur le simple constat des éléments de l'observation sans tenir le plus grand compte des conditions mêmes de l'observation en question. Ce peut aussi être le fait d'un choix délibéré du clinicien d'établir dans le cadre qu'il se fixe et qui peut être connu ce qui mérite ou non d'être considéré comme homogène.

Il est ainsi trop facile de parler d'*inhomogénéité clinique* de la maladie d'Alzheimer quand les arguments retenus relèvent de conduites qui ne sont pas toujours recueillies dans la même conjoncture et ne font pas partie du même cadre conceptuel. De cette inhomogénéité qui fut à nouveau présentée, il y a quelques années, comme une découverte, il n'est d'ailleurs pas possible d'extraire le moindre avantage pour le patient. Ce sera au contraire, pour le soignant, un véritable constat d'impuissance.

B. Si nous revenons un instant sur la façon la plus habituelle dont le psychiatre de l'âge est amené à intervenir auprès d'un patient, il peut être noté qu'il y a des manifestations comportementales qui se voient ou sont perçues par le patient lui-même, par son entourage, par le médecin ou par les professionnels de la santé. Quelles qu'elles soient, elles constituent les motifs de la consultation ou l'objet de l'évaluation et de l'intervention thérapeutique. Il y en a d'autres qui ne sont connues que parce qu'on les cherche ou qu'on sait les chercher avec une idée précise.

1. Il n'empêche que ces manifestations sont plus vite appréhendées si elles suggèrent, créent ou sont vécues comme une *inaptitude.* Elles sont alors rarement mises en balance avec les potentialités restantes du patient. Elles servent de signes d'appel d'une attention à porter immédiatement à des conditions de vie qui peuvent s'aggraver et porter une atteinte irrémédiable à l'intégrité de l'individu. C'est la raison pour laquelle les connaissances cliniques les plus courantes sont et restent érigées sur le manque ou l'insolite.

Il est d'ailleurs beaucoup plus facile, même pour le médecin, d'exposer une situation clinique en terme d'*insuffisance* que d'intégrer immédiatement cette forme de constat à une réflexion qui en neutralise la signification délétère pour viser une solution thérapeutique plus acceptable.

2. En fait, on assiste là à une série de glissements sémantiques qui introduisent un méli-mélo de ce qui veut et doit être dit, échangé et utilisé. Car même le mot entendu change souvent de sens lorsqu'il est prononcé.

Le premier imbroglio naît de l'emploi d'un même mot dans des sens différents. C'est pourtant dans cette polysémie que s'établit le contact entre le soigné et ses proches, entre le soigné et le soignant, entre les diverses catégories soignantes entre elles et finalement entre le soignant et le politicien ou l'administrateur de la santé publique. La culture médicale et, plus généralement la culture soignante, reposent sur cette capacité à reconnaître ces différences qui comportent de nombreux degrés de repérage.

3. Une des conséquences de l'approche déficitaire est l'amalgame qui s'est, par exemple, réalisé entre deux notions aussi distinctes que celles de *démence* et de *détérioration intellectuelle* ou *mentale.* La première de ces notions a longtemps caractérisé ce qui allait devenir la maladie d'Alzheimer. La deuxième, la détérioration intellectuelle, que l'on a tenté de substituer à la première ou d'en doubler le sens, est la suite logique de l'introduction et de l'abus, sans qualification préalable, de la

quantification de la symptomatologie psychiatrique. Nous nous y arrêterons quelques instants.

La quantification des faits psychiques dont, en 1879, F. Galton initie l'approche stastistique évoquée au chapitre 6, donne naissance avec J. McK. Cattell (1890) aux premiers «tests» mentaux. Elle permet de dégager avec A. Binet les notions d'*âge chronologique* et d'*âge mental*, d'où est issue la notion de *quotient intellectuel* proposée par W. Stern. Celle-ci qui n'a pas toujours été employée dans sa forme originale a pu être utilisée avec des systèmes de cotations en centiles ou en écarts-réduits, et même, comme le fit D. Wechsler (1955), en fixant une valeur arbitraire à la moyenne et à l'écart-type. Quoiqu'il en soit, le quotient intellectuel n'a pas évité, à partir des seules performances, de ségréguer les *surdoués*, les *normalement doués* et les *sous-doués*, Il n'a pas empêché de renforcer la distinction établie au XIXe siècle entre les *débiles*, les *imbéciles* et les *idiots*. Avec D. Wechsler, il a toutefois servi, à partir de l'hypothèse de H. Babcock (1930) différenciant les tests qui tiennent et ceux qui ne tiennent pas avec l'âge, à définir un *quotient de détérioration mentale* qui a été abusivement utilisé pour affirmer l'atteinte cérébrale organique. Or, pour que cette conclusion puisse être correctement argumentée, il eût fallu :

a) premièrement, ne pas assimiler **performances** et **compétences**;

b) deuxièmement, ne pas réduire le **qualitatif** au **quantitatif**;

c) et troisièmement, ne pas décider de la nature d'une affection cérébrale sur la chute de la seule performance intellectuelle.

C'est pourtant ainsi que la *démence* a été considérée comme une variante quantitative du vieillissement psychique et l'aboutissement obligatoire de ce vieillissement par un processus graduel et continu qui n'est toujours qu'un postulat.

En effet, en psychiatrie, la «détérioration» d'un sujet à des «tests» mentaux peut être autant le fait du dépressif que du schizophrène ou même se voir au cours d'autres affections psychiques. L'*analyse factorielle* et le *scatter* ou *profil de dispersion des performances aux divers tests utilisés* n'y apportent rien de plus. La dépression et la schizophrénie n'ont jamais touché la compétence intellectuelle, alors que c'est régulièrement le cas dans l'atteinte cérébrale dite démentielle et dans la maladie d'Alzheimer.

C. Dans l'optique capacitaire, il était patent que l'analyse qualitative des comportements devait toujours être le préalable d'une analyse quantitative qui, tout en n'étant pas définitivement exclue, était jugée secondaire. Il devenait préférable d'apprécier les *mécanismes* à la base d'un comportement ou d'une conduite plutôt que de prendre en compte les comportements ou les conduites en eux-mêmes, surtout lorsqu'ils étaient emprisonnés dans une définition fermée et *a priori*. Savoir comment l'âgé atteint, n'atteint pas ou n'atteint plus une performance apparaissait tout autre que de déterminer pourquoi il y arrivait, n'y arrivait plus ou n'y arrivait pas.

C'est ainsi que la méthode de la *psychologie génétique* de J. Piaget d'orientation cognitive dont il a déjà été question au Chapitre 6, put servir la pathologie comportementale de l'âge pour laquelle elle n'avait pas été initialement conçue. Elle reposait sur le fait que l'individu se construit dans ses rapports avec son milieu et que l'obtention d'un type de fonctionnement en suppose toujours un autre préalable et sous-jacent. L'individu découvre, dans l'action, les propriétés des objets. Il y trouve aussi celle de la coordination des actions. Il s'*accommode* aux données de l'expérience fondée sur les modalités de sa propre activité qui participe à leur élaboration. Il *assimile* ces données dès qu'il dispose des structures mentales adéquates qui se forgent dans cette activité elle-même. C'est ainsi que les structures qui s'*équilibrent* par des compensations actives aux perturbations extérieures n'immobilisent pas un processus évolutif, mais s'intègrent à des organisations plus mobiles, plus larges et plus généralisantes. Ces changements qui ne supposent pas le respect d'un plan déjà établi suivent cependant une évolution dirigée, car, relevant du même mécanisme d'équilibration, ils obéissent aux mêmes nécessités.

Si nous restons sur l'exemple de la maladie d'Alzheimer, remarquons que, dans l'acquisition de la notion des quantités physiques de substance, de poids et de volume, le sujet doit dominer les notions de substance et de poids pour atteindre celle de volume et la capacité de dissocier le poids du volume.

a) Il est juste de dire que, dans un premier temps, cette nouvelle formulation s'est encore faite dans un sens déficitaire. On a alors parlé de *rétrogenèse* opposée à l'*ontogenèse*. Elle l'a toutefois été avec une nuance majeure. S'il était possible de dire que l'âgé pouvait, sous l'influence de lésions cérébrales progressivement et diffusément évolutives, telles que celles de la maladie d'Alzheimer, repasser par les divers stades d'acquisition du savoir de l'enfant, il a toujours été affirmé que les mécanismes qui étaient en jeu chez lui n'étaient jamais les mêmes.

b) Deux types de lecture se sont ainsi succédés lorsqu'*une méthode adaptée de la neuropsychologie a été combinée à celle de la psychologie génétique*, bien avant que la neuropsychologie n'ait obtenu, sous une autre forme, celle de la *neuropsychologie* ou plutôt *psychoneurologie cognitiviste*, la vogue excessive qu'elle a actuellement dans le champ de la démence.

Ainsi, dans le domaine de l'instrumentalité du patient atteint de maladie d'Alzheimer, la formulation originelle des données de l'observation fait état, pour le premier des quatre stades cliniques, qui peuvent être perçus dans l'évolution de l'affection, de manques du mot, d'un début d'apraxie constructive graphique (atteinte de la perspective), de difficultés de reconnaissance visuelle d'images d'objets, d'abord incomplètes, estompées et mêlées, et de localisation des doigts.

Ceci est devenu, dans une deuxième formulation, l'existence d'un niveau d'organisation dans lequel sont observés une conservation de la structure du langage, une maîtrise de l'espace euclidien dans les entreprises d'assemblage, d'articulation et de mise en relation topologique (praxie constructive), la sauvegarde de l'espace centré sur le corps (praxie idéo-motrice) et de l'espace pratique de l'utilisation des objets (praxie idéatoire), celle de la reconnaissance et du symbolisme des couleurs, de la reconnaissance visuelle des objets, de la reconnaissances des bruits et des rythmes, de la reconnaissance tactile (stéréognosie), de la droite-gauche, de la localisation des parties du corps (hormis celle des doigts), de la qualité et de la localisation de la douleur.

La structuration conjointe de ces capacités dans les divers domaines où elles ont été étudiées (espace, temps, nombre, logique élémentaire, hasard, etc.) permet cliniquement d'avoir des arguments bien connotés pour parler ou non d'encéphalopathie et pour attester de son caractère focal ou diffus, de la nature des lésions, de leur extension et de leur progression prévisible. Elle permet aussi de juger de l'adaptabilité du sujet et de son degré de *plasticité comportementale*.

c) Capacités et incapacités ne forment pas une équation telle que la connaissance de l'un de ses termes permet d'en déduire l'autre. Il s'agit, en fait, de deux types d'évaluation qui s'apprécient de façon séparée. Néanmoins les incapacités sont surtout vues comme des insuffisances à combler dans leur totalité, alors que les capacités présentent toujours l'avantage d'être le repère à partir duquel peut être programmée une progression personnelle, même si celle-ci reste lente et limitée. Cette dernière option peut être à l'origine d'une dynamique nouvelle qui est celle de la *prise en décharge de soins* déjà décrite.

Avoir plus d'incapacité ne semble pas avoir psychologiquement la même valeur qu'avoir moins de capacité. Les capacités sont liées à des modes d'adaptation variables et compatibles avec une acceptation et une tolérance. C'est, au contraire, l'effet de tout ou rien qui joue dans la position déficitaire. L'incapacité y est vue pour elle-même et non dans l'optique plus large d'une gestion existentielle. Aucune oscillation n'y est acceptée. Rien n'y est relatif à des conditions de vie possibles pour soi et pour les autres. Tout espoir ou tentative de progrès y est le plus souvent annihilé.

La vision capacitaire ne doit cependant pas faire perdre de vue une certaine réalité. Elle n'est qu'un moyen de mieux vivre et de proposer une solution adaptative moins impersonnelle.

D. Dans la maladie d'Alzheimer, il est évident que des *critères déficitaires*, scientifiquement discutables, comme ceux d'amnésie qui, médicalement, n'ont actuellement pas dépassé la conceptualisation de Th. Ribot (1881) ou ceux d'aphasie ou d'apraxie englués dans la théorie associationniste du siècle dernier, sont parfaitement utilisables en clinique pour détecter une encéphalopathie liée aux lésions histologiques décrites par A. Alzheimer. Il est non moins évident que le traitement étiopathogénique qui devrait rationnellement en découler n'est pas encore à notre disposition. Cela ne veut cependant nullement dire qu'en attendant ce type de solution, ne peut pas être proposé aux patients atteints de cette affection un traitement établi sur la base d'autres objectifs que ceux issus d'une déduction causale et qui visent, en particulier, une modification du terrain sur lequel se développe l'affection.

C'est bien ce qui s'est produit pour la maladie d'Alzheimer dans laquelle, ces dernières années, le contexte, sur lequel pourra s'appliquer le traitement qui résultera d'une recherche étiopathogénique qui se poursuit activement, a radicalement changé. C'est ainsi que si, présentement, le pronostic fonctionnel du patient atteint de maladie d'Alzheimer reste inquiétant, son pronostic vital ne paraît plus en cause. Il n'est pas exceptionnel de constater ici et là des patients qui ont une survie de plus de vingt ans avec cette affection. Reconnaissons que la logique, en particulier neurochimique, fondée sur un système de causalité qui devrait conduire à une offre de médicaments spécifiques n'a pas encore totalement convaincu. Jusqu'à présent, elle est toujours moins tangible que l'approche adaptative. Mais il est aussi vrai, en médecine, que la cause bien connue d'une affection peut, pour des raisons éthiques ou économiques, n'être, dans l'instant, à l'origine d'aucun gain thérapeutique.

E. Au total, le médecin peut utiliser intelligemment une vision déficitaire du problème clinique qui lui est soumis s'il reste dans des limites que nous n'avons pu qu'esquisser. L'approche déficitaire, quand elle constitue l'essentiel de la stratégie thérapeutique choisie, peut ainsi se révéler, pour l'instant, plus utile au moment de l'évaluation clinique que thérapeutique. De son côté, l'*approche capacitaire* présente des avantages certains au niveau de l'intervention thérapeutique. Ces deux modes d'approche ne sont toutefois pas une panacée. Ils répondent à des buts déterminés et localisés dans le temps, qu'il ne faut plus méconnaître. Pour les comprendre et en faire le meilleur usage possible, ils méritent d'être replacés dans le cadre de l'histoire de la médecine, et plus particulièrement de la psychiatrie et de la psychiatrie gériatrique. Ils doivent être envisagés comme des moyens d'accéder à une amélioration durable des prestations médicales.

Il est toutefois indispensable que le médecin reconsidère constamment ses buts en fonction des besoins réels des patients, des investissements de leur communauté socio-culturelle, des soignants et de l'évolution des concepts qui forgent, surtout en psychiatrie, l'essentiel de la thérapeutique. Or, un concept comme celui d'affection, de maladie, de démence ou finalement celui de maladie d'Alzheimer doit suivre cette évolution. Il peut s'user ou devenir impropre et défectueux. Il mérite, de toute façon, d'être soumis périodiquement à une révision de sens. Il doit pouvoir s'effacer devant des concepts plus opérants. Mais il reste important de ne pas quitter trop vite un système notionnel que l'on sait bien maîtriser malgré ou avec les faiblesses qui lui ont été recensées et qui peuvent être plus ou moins compensées. Il est toujours hasardeux de se jeter sans précautions et sans préparation dans un système qui brille par sa nouveauté et n'a pas encore fait toutes ses preuves.

Chapitre 15
Urgence psychiatrique et psychiatrisation d'urgence dans l'âge avancé

Evoquer aujourd'hui l'*urgence psychiatrique*, ce n'est pas seulement dévoiler une ambiguïté conceptuelle qui, dans le champ de la médecine, fait beaucoup discourir. C'est retenir, parmi les attitudes possibles, celles qui, dans des conditions précises, justifient l'accomplissement dans l'instant d'un acte médical. L'évoquer dans l'âge avancé à partir de l'histoire récente de la psychiatrie gériatrique, c'est tenter de vouloir y intégrer, pour le renouveler et l'enrichir, un point de vue qui se veut spécifique.

Connue par son qualitatif *urgent* dès la fin du Moyen Age et signalée par son substantif *urgence* au XVIe siècle, la notion d'une intervention nécessaire et immédiate ne s'inscrit que rarement, sauf en médecine, dans le vocabulaire courant jusqu'au milieu du XIXe siècle. Le caractère pressant d'une situation qui exige une prise de décision instantanée, a alors été, pour les comportements et les conduites pathologiques, trop souvent assimilé à l'obligation d'un geste à effectuer sans délai. C'est ainsi que s'est introduite, de façon abusive en psychiatrie, une analogie entre une option à fixer et la réalisation qui lui correspond dans une hâte incompatible avec les particularités d'une pratique.

Il se trouve que la nature de l'urgence en psychiatrie gériatrique et le contexte dans lequel elle se développe autorisent un savoir-faire qui met en cause le cadre clinique trop somato- et adultojuvénomorphique auquel il a été jusqu'à présent trop régulièrement fait appel. Il a donc paru intéressant, alors qu'à l'instar de la psychiatrie infantile, la psychiatrie gériatrique met en place sa propre nosographie, d'éprouver ici l'argumentation qui, chez l'âgé, légitime l'opposition de l'urgence psychiatrique et de la *psychiatrisation d'urgence*.

A. Les aléas de la conceptualisation et de la terminologie de l'urgence psychiatrique

La manière la plus habituelle de définir la psychiatrie à laquelle doit s'appliquer l'urgence est de dire qu'elle est une branche de la médecine consacrée à l'étude et au traitement des troubles mentaux. L'originalité de la psychiatrie tient, certes, au domaine qui est exploré, le psychisme en tant que support des comportements et des conduites qui dépendent de l'expérience individuelle. Elle l'est encore par le regard particulier avec lequel est abordée, ainsi que l'indique H. Ey (1978), toute modification normative de l'organisme, c'est-à-dire toute adaptation de l'individu à lui-même et au milieu. Elle l'est surtout par les modalités de la procédure thérapeutique à laquelle elle recourt. De ce point de vue, *se soigner*, *soigner* et *traiter* sont les trois aspects d'une action qui indique l'esprit actuel de la psychiatrie gériatrique.

Sur le plan conceptuel, l'urgence psychiatrique n'a pas manqué de subir les effets assimilateurs de l'urgence somatique. Les travaux qui, ces dernières années, se sont poursuivis à ce sujet renvoient, en effet, à une sémantique parfois si subtile que la distinction qui s'y est affirmée n'est pas aisée à percevoir. La terminologie employée tend à montrer cependant que ce qui est abordé d'un point de vue psychiatrique ou dit psychiatrique mérite une gestion différente de celle réservée au malade et à la maladie somatique, donc un mode de pensée et de raisonnement qui lui est propre.

En psychiatrie même, cette sémantique ne rend pas toujours facile la relation indispensable et continue entre une pratique qui s'affirme et une théorie qui la sous-tend. Elle est, d'ailleurs, très conditionnée par la conception que l'on a du malade mental, de l'affection psychique et de la maladie psychiatrique. C'est la raison qui nous a préalablement conduits à préciser sur ces points notre position dans le domaine de la psychiatrie gériatrique.

Le psychiatre se réfère à une terminologie dans laquelle, le plus souvent, plusieurs critères s'additionnent ou se superposent sans s'emboîter ou se structurer d'une façon suffisamment cohérente. De plus, les distinctions qui s'instaurent ne considèrent invariablement que quelques aspects privilégiés de l'urgence qui, eux-mêmes, diffèrent. C'est ainsi que se côtoient de façon assez inégale ce qui a trait au type d'appel, à l'origine de la demande, au lieu où elle se traite, à l'identité de l'intervenant (médecin, psychiatre, professionnel de la santé, personne sans formation, etc.), à la justification de l'intervention et du choix de celui qui intervient, et enfin à la légitimité du but de l'intervention (négociation, accompagnement, mise à distance, médicalisation, etc.), dans un contexte où il faut prévoir à la fois le risque vital et psychosocial.

Les termes les plus fréquemment utilisés (J. Hoareau, 1987) pour rendre compte de ces diverses préoccupations sont, sans être limitatifs : *urgence en psychiatrie, psychiatrie en urgence, détresse psychosociale* (G. Pascalis, 1981), *psychiatrie d'urgence, médecine de crise, urgence psychosociale* (M. Debout, 1981), *conduites* (B. Elis, 1979) et *situations* (F. Caroli, 1985) *d'urgence en psychiatrie, urgences psychiatriques* (H. Grivois, 1986), *institutionnalisation de l'urgence, institution d'urgence.*

L'*urgence en psychiatrie* désigne le trouble comportemental qui met en jeu le pronostic vital, peut rester psychiatrique, mais ne répond pas à une structure psychiatrique individuelle antérieurement pathologique.

La *psychiatrie en urgence* correspond pour les uns à la décompensation aiguë d'un malade mental. Elle est, pour d'autres, l'endroit où s'élabore et se met en œuvre une réponse urgente aux cas psychiatriques.

La *psychiatrie d'urgence* suppose le recours d'urgence au psychiatre.

La *détresse* et l'*urgence psychosociale* suggèrent une étiologie probable et s'intègrent au type d'intervention qui en découle.

La notion de *crise*, quant à elle, situe d'abord le moment d'un choix, d'une décision ou d'une orientation. Elle désigne aussi une phase troublée de l'existence. Elle marque encore un événement majeur. Elle répond enfin aux manifestations réactionnelles violentes.

La crise est liée à l'urgence, car elle indique (O. Quenard, 1978) le caractère impératif d'une option à prendre pour mettre un terme à un processus morbide. Placée dans l'intervalle de la relation, elle est souvent provoquée par l'écroulement d'un agencement existentiel fragile par le contre-coup d'événements extérieurs, par exemple sociaux. Elle appelle le changement d'une situation qui, résolue, s'inscrira dans une histoire personnelle ou collective. Cet appel peut être ou non volontairement perçu. Il peut être entendu ou récusé. Il peut être dérivé dans une procédure médicale, donc psychiatrique, particulière. C'est le sens conféré à ces attitudes et la concertation engagée à leur propos qui leur donnent valeur de traitement.

L'urgence dans la crise tient aux débordements qui s'y produisent. C'est l'instant où il devient immédiatement nécessaire de déterminer et d'accorder les modalités de la réaction soignante à celle qui sert à la déclencher. La crise peut être en rapport avec une variation événementielle brutale ou une rupture dans un mode de vie qui ont, par leurs effets déséquilibrants et désorganisants, l'aspect d'une frustration, d'une perte ou d'un bénéfice, tous trop difficiles à régir et métaboliser. Elle permet la reconnaisance singulière et collective d'une existence marginale et d'une volonté de changement. Elle peut confirmer l'essai de mise en œuvre d'une innovation dans les conduites. Elle éprouve la *réponse à l'urgence*. Elle autorise l'expérience de la transgression possible d'un ordre dans laquelle ce symptôme peut se substituer à d'autres et qui, pour certains, constitue une véritable *appétence à l'urgence*. Elle peut avoir un rôle cathartique. Elle peut enfin apporter, dans l'existence du sujet et de sa communauté de vie, un avantage maturatif. Il s'ensuit que cette réponse doit être négociée et qu'elle doit être maîtrisée dans l'espace et le temps pour réussir un autre équilibre adaptatif.

L'*institutionnalisation de l'urgence* n'est qu'un moyen d'intervention parmi d'autres qui fait spécialement jouer la distance, le cadrage, la durée, la réflexion et la rencontre pour métamorphoser la perception qu'a le sujet de sa problématique et celle que cette dernière induit dans l'entourage pour amener une rationnalisation et pour harmoniser les rapports du sujet avec lui-même et avec son environnement. Si l'*institution d'urgence* est destinée à supporter un état critique, elle est contrainte d'en éprouver la contagion (J. Hoareau, 1987), donc de se trouver dans un état de crise persistante.

C'est donc dans la multiplicité et la variabilité des critères d'évaluation de l'*urgence* et de l'intervention *en urgence* avec lesquels il faut composer que se trouvent les particularités du fait psychiatrique et de l'apport du psychiatre. *Ce dernier s'interroge non seulement sur le présent de l'urgence, mais sur le devenir à long terme de celui qui la vit.* Ce sont ces facteurs qui s'opposent à la plus grande simplicité, clarté, unicité et régularité conceptuelles et d'action des déterminants somatiques. Ceci ne veut nullement dire que la médecine somatique dont celle de l'âgé ne se heurte pas à de réels et importants problèmes à résoudre. C'est indiquer que ces difficultés majeures sont d'un autre ordre.

B. Nosographie de l'urgence en psychiatrie gériatrique

1. Etablir une nosographie de l'urgence en psychiatrie gériatrique, c'est d'abord introduire, pour l'âgé, dans la démarche médicale, un

moment et un moyen d'évaluation proprement psychiatrique de l'urgence. C'est admettre que ne sont pas incompatibles :

a) le fait de *protéger, soigner* et *administrer une médication*;

b) le fait d'*accepter* et de laisser *se développer* l'urgence pour comprendre un comportement ou une conduite, ainsi que pour étudier et faire jouer ses modes de résolution spontanée;

c) le fait d'*utiliser* l'urgence dans un projet à plus long terme visant à régulariser une situation comportementale difficile;

d) et, enfin, le fait même de *provoquer* l'urgence dans un but thérapeutique.

Il est vrai qu'en pratique, nous sommes loin du compte.

2. La mise en évidence, chez l'âgé, de quelques invariants de l'urgence doit, pour rester pragmatique, ne pas briser une dynamique qui souffre essentiellement d'interrogations toujours embarrassées sur la finalité de l'homme et son vécu individuel dont les conséquences sont primordiales pour arrêter les fondements mêmes de l'action à mener.

En effet, la *notion d'urgence* est très relative au degré de considération qu'à un moment donné et dans un contexte culturel particulier, prennent, sur le plan personnel et collectif, la vie, la qualité de vie, la personne âgée, l'égalité des soins et du droit à vivre. En médecine, elle est liée à l'acceptation de la médecine de l'âge avancé, donc à l'existence d'un fait gériatrique dans le champ somatique et d'un fait de psychiatrie gériatrique dans le champ psychique. En psychiatrie gériatrique, il faut quotidiennement soutenir le droit de l'âgé aux soins. Il faut aussi consentir à entrer dans une dialectique où s'affrontent l'urgence, l'acharnement thérapeutique et l'euthanasie, c'est-à-dire l'urgence à mieux vivre et celle à mourir. Il faut donc continuer d'être compréhensifs et explicatifs sans retarder le progrès d'une réflexion et de l'action qu'elle détermine. Car l'acceptation de l'urgence est liée à une réussite thérapeutique dont la portée est paradoxalement mise en cause chez l'âgé, et particulièrement en psychiatrie gériatrique.

3. Il est important de nous arrêter quelques instants sur le modèle d'intervention d'urgence le plus habituel. Ce dernier repose, d'une manière générale, sur le profil reconnu aux grandes affections psychiatriques dont l'abord est proche de celui de l'affection somatique et se satisfait, le plus souvent, d'une explication qui renvoie l'effet à la cause.

Nous pouvons, de ce point de vue, essayer de découvrir, pour l'âgé, les comportements et les conduites qui se prêtent à une décision rapide et facilitent la stratégie d'action qui en découle.

Cette stratégie comprend plusieurs étapes dont certaines peuvent ne pas être assumées directement par le psychiatre. Que l'âgé soit *perturbateur* ou *dangereux*, la première question à résoudre est de déterminer ce qui ressort d'une *orientation immédiate* vers un endroit médicalisé (qu'il soit ou non institutionnel) ou psychiatrique. Dans un milieu qui n'est pas le sien, le psychiatre peut alors être amené à donner son avis et prêter effectivement son concours en assumant, le cas échéant, en particulier à l'hôpital général, un rôle de liaison et de relais possible avec le milieu psychiatrique.

La priorité est momentanément donnée à l'organique pour autant que la démarche qui s'y rapporte puisse y être mise en œuvre dans un cadre qui, de la part du patient âgé, suppose le respect et l'observation spontanés de quelques règles de fonctionnement organisationnel.

Dans le cas où la *psychiatrisation* (ou *appel à un mode de résolution de nature psychiatrique*) est envisagée, la démarche s'engage généralement en respectant les catégorisations de la clinique psychiatrique traditionnelle dans ses manifestations aigues. Cependant, la pratique actuelle de la psychiatrie gériatrique ne se reconnaît plus dans des modèles qu'elle a dû emprunter ou qui lui ont été imposés sur la base d'idées fausses en gérontologie. Si ceci l'oblige maintenant à recourir progressivement à une nosologie qui lui est propre, il faut bien dire que ce mouvement, désormais irréversible, ne se discerne nullement dans les classifications telles que celles du DSM IV qui a envahi de façon excessive la psychiatrie ou du CIM-10/ICD-10. C'est néanmoins sur une nosologie plus spécifique que le psychiatre de l'âgé doit fixer les caractères de l'urgence.

Nous ne ferons que citer quelques comportements ou conduites élémentaires à partir desquels il est possible d'opérationnaliser ce type d'action thérapeutique immédiate.

Ce sont les comportements et les conduites des patients :

a) *remuants* (instables, déambulants, exubérants, bruyants, crieurs, agités, fugueurs);

b) *pétrifiés* (akinétiques, apragmatiques, stuporeux);

c) *opposants* (à l'approche, à la relation, aux soins);

d) *quémandeurs* (de présence, d'attention, de contact, de traitements);

e) *menaçants* (pour leur état, leur situation, celle des autres, leur avenir, leurs besoins et leur hygiène; par les risques qu'ils courent ou font courir);

f) *tourmentés* (peureux, anxieux, angoissés, obsédés);

g) *tristes* (dépressifs, suicidaires);

h) *égarés* (perplexes, obnubilés, confus);

i) *incohérents* (délirants, dissociés, discordants);

j) *gênants* (pénibles, fatigants, déplaisants, disgracieux, repoussants, difficiles, encombrants, provoquants, ingrats).

4. A partir de ces comportements et conduites, il est possible de consolider la mémoire d'une procédure à suivre pour être thérapeutique en définissant quelques tableaux cliniques jugés utiles. Il est alors indispensable d'être capable d'élaborer une stratégie d'action à partir d'une approche clinique qui s'exerce dans un champ jamais complètement connu et organisé et en dehors de cadres de pensée trop établis. Cette stratégie doit régler, pour chaque situation considérée en elle-même, la conduite à tenir la plus adéquate.

En abordant le mythe de l'agitation des malades mentaux, Ph. Paumelle (1976) a rendu attentif au fait que *l'urgence peut ainsi naître de l'intolérance et de l'incompétence*. Au savoir à appliquer d'urgence, s'oppose l'ignorance de ce qu'il faut entreprendre qui occasionne l'urgence. L'accès à l'urgence et la connaissace de l'urgence conduisent à un *recul* ou à un *déplacement* progressif de ce qui pouvait être précédemment urgent.

Toute nosographie de l'urgence en psychiatrie gériatrique implique donc non seulement une *symptomatologie* et un *risque*, mais aussi une *fonction* et l'*évolutivité* d'une notion.

C. Le sens de l'urgence et la nécessité de distinguer la situation d'urgence de la réponse à l'urgence

1. Même si l'*urgence psychiatrique* correspond à un jugement de valeur, il y a lieu, dans l'urgence, de distinguer la *situation d'urgence* et la *réponse à l'urgence*. Tenter, en effet, dans des circonstances exceptionnelles, de chercher une solution médicale à un problème humain intensément vécu par un individu et son entourage, c'est accepter de se plier aux exigences minimales d'une technique professionnelle. L'urgence est fonction d'un sens. Elle l'est aussi d'un cadre et d'une forme d'action.

Une discipline, telle que la psychiatrie gériatrique, a la propriété, pour l'urgence, de ramener continuellement le médecin à la signification de l'urgence. L'urgence naît, certes, d'un savoir qu'on peut appliquer rapidement. Il y a aussi urgence quand, indépendamment de cet acquis, on sait intervenir. Il y a urgence quand il devient possible d'enrayer un processus ou rétablir une situation dans un temps après lequel cet acquis devient inutile. C'est cependant là que la portée de l'acte à accomplir prête le moins à discussion. Il y a également urgence à savoir partager un événement. Le réconfort d'un geste ou d'une présence apparaît là plus efficace qu'un conseil ou une quelconque contribution qui, de toute façon, ne pourraient pas toujours être offerts. C'est, chez le patient âgé, en particulier celui atteint d'affection mentale, que se produit le plus grand décalage avec ou entre la contingence de l'urgence et la réaction à l'urgence.

2. La *psychiatrisation de l'urgence* n'est qu'une forme de réponse thérapeutique à l'urgence. Ce n'est pas la seule. Elle permet toutefois de proposer, dans des conditions déterminées, un traitement, qu'il soit *médicamenteux* ou *psychologique* (au sens de P. Janet, 1919/1921), un lieu d'intervention qui peut faire ou non jouer la distance par rapport au lieu d'émergence d'un incident et le moment de cette intervention. C'est dans ce contexte qu'en psychiatrie gériatrique, l'urgence peut être négociée pour calmer, secourir, défendre, protéger ou servir à réorganiser une situation qui, par son profil conflictuel, implique non seulement un patient, mais ses proches et une collectivité.

Dans cette démarche, le psychiatre de l'âge ne peut être, comme on le répétera, l'alibi qui couvre ce qui n'est pas fait ou mal fait du point de vue social. *Il doit réserver son engagement social.* Car la psychiatrie gériatrique ne peut être sociale que dans la mesure où l'abord social s'intègre à ses objectifs thérapeutiques. Le psychiatre doit, pour mieux apprécier les conditions dans lesquelles cet engagement est fondé, dominer l'*interprétation* qui est accordée ou qu'il accorde à l'urgence. Le psychiatre doit aussi se préoccuper sérieusement du **gain de l'urgence**, c'est-à-dire des réaménagements individuels rendus possibles dans l'âge avancé sur le plan fonctionnel et social. Car la qualité des prestations offertes ne conduit pas toujours en un seul temps l'âge au niveau optimal nécessaire à une nouvelle adaptation acceptable. Elle peut momentanément amener, en effet, un surcroît de difficultés qui déplace les problèmes soulevés par une urgence antérieure qui n'en est plus une et qui dévoile d'autres problèmes sur lesquels se brisent encore nos efforts.

Chapitre 16
De l'action à l'acte psychothérapeutique en psychiatrie gériatrique
Aperçu sur l'espace géropsychiatrique

A. Il est important de relever un passage intéressant dans le traitement des patients âgés atteints d'affection mentale, celui de l'élaboration, de la validation et de la mise en place de modalités d'applications psychothérapeutiques propres à la pratique géropsychiatrique. Il faut bien dire que très longtemps bien des psychothérapeutes qui revendiquaient pour eux le rôle de spécialistes de cette question ne se sont pas risqués, à l'exception de quelques-uns et dans des conditions strictement définies, sur ce terrain qui pouvait leur sembler miné.

Contrairement à tous les principes de l'éthique des soins, c'est dans ce domaine aussi que le soignant choisissait le soigné, ce qui explique que nombre de patients ont été ainsi laissés pour compte. L'appel à l'aide des hommes de terrain ne fut que rarement entendu et n'a pas fait fléchir les psychothérapeutes les plus orthodoxes. Il était évidemment plus facile d'intellectualiser la pratique des autres que de s'y livrer soi-même et d'en acquérir l'expérience. D'ailleurs, l'extrapolation théorique à l'âge de ce qui était admis idéologiquement pour l'adulte jeune sans autre vérification pour la personne âgée était un fait rédhibitoire en la matière. Il a donc fallu préparer le terrain en exploitant au mieux la connaissance élémentaire qu'en avaient ceux qui étaient confrontés à la dure réalité de la pratique psychiatrique quotidienne. C'est ce qui justifie la voie qui a été prise pour répondre à ces besoins thérapeutiques évidents de l'âge et cette avancée très progressive de l'action vers l'acte psychothérapeutique.

B. Relevant d'une méthode proprement psychologique qui, à travers l'établissement d'une relation structurée et contractuelle entre le soigné et le soignant, cherche à modifier de manière durable les rapports de l'organisme humain à son milieu, la *psychothérapie* est traditionnellement attachée à une approche relationnelle et affective des comportements et des conduites.

Il est effectivement habituel d'y opposer deux aspects, celui de l'*action psychothérapique* et celui de l'*acte psychothérapique*. Le premier est le sens que le soignant donne à son activité thérapeutique. Il inclut toutes les conduites indirectes qui servent à analyser et aménager autrement le réseau relationnel du patient. L'acte psychothérapique, quant à lui, est censé relever des versions les plus codifiées des psychothérapies. C'est à l'acte psychothérapique qu'est attribuée la quintescence du processus psychothérapeutique. Il faut reconnaître que le passage de l'action à l'acte psychothérapeutique s'est fait en psychiatrie gériatrique, à l'exception d'essais isolés, à partir de la *psychothérapie institutionnelle* et de la *psychothérapie* dite *de soutien*. Il devait tenir compte, chez l'âgé, de capacités introspectives et de réflexion parfois limitées, car insuffisamment exercées, d'une expression langagière souvent lente à se mettre en action, ainsi que d'une faible culture psychothérapeutique. Il a été accompagné dès ses débuts par des approches de *thérapie comportementale* basées sur le conditionnement pavlovien, le conditionnement opérant skinnérien ou le conditionnement instrumental des fonctions neurovégétatives qui a trouvé un de ses aboutissements dans la *thérapie cognitivo-comportementale*.

C. La *psychothérapie institutionnelle* est une psychothérapie *par* l'institution. Elle manque de spécificité quand elle n'est considérée que comme l'ensemble des psychothérapies pratiquées *dans* l'institution. Elle est l'un des aspects de l'*espace géropsychiatrique*.

Pour rendre hospitalier et thérapeutique ce côtoiement momentané de patients âgés soumis à une pathologie comportementale, il est ainsi devenu nécessaire de respecter certaines règles qui fondent la psychothérapie dite institutionnelle, c'est-à-dire :

a) offrir aux patients des prestations d'égale valeur, mais différenciées ;

b) réaliser des unités de soins qui ne dépassent pas une vingtaine de patients ;

c) ouvrir progressivement toutes les unités de soins pour obliger les soignants à reconsidérer leur attitude vis-à-vis des lieux fermés et éviter les ennuis nés de l'utilisation conjointe d'unités ouvertes et fermées ;

d) grouper des patients âgés des deux sexes, de difficultés de comportements, de durée d'hospitalisation, de pronostic, de densité de soins, de niveaux d'indépendance et de pathologie différents en ménageant un certain équilibre entre les unités ;

e) ne pas maintenir d'unité dite d'admission, mais disposer d'un lieu de passage pour assurer un examen d'orientation dans l'heure de l'accueil à l'hôpital.

Le sens peut se perdre lorsque l'organisation institutionnelle devient un *système*. Une organisation ne reste, en effet, thérapeutique que si elle laisse en permanence la place à des questions et qu'elle sait également les provoquer. Car, le trop bon équilibre institutionnel cache fréquemment de réelles difficultés et précède habituellement ces dernières à court, moyen ou long terme. Il appauvrit aussi l'action et contrarie la créativité.

Eléments de la psychothérapie institutionnelle, les soignants ont pris conscience de devoir apprendre quotidiennement à œuvrer ensemble dans un but déterminé et dans un esprit de partage des rôles et des tâches. Ils savent comment s'interroger sur ce qui a été fait, se fait et doit se faire. Cette interpénétration qui doit permettre à chacun de mieux se connaître, d'améliorer ses prestations de soins et de les rendre conformes aux besoins des patients ne doit toutefois jamais altérer leur identité professionnelle ni noyer l'esprit d'initiative. Elle doit contribuer à mieux gérer des conflits qui apparaissent à propos ou à cause des patients âgés.

Tout ceci a des implications sur la répartition des responsabilités. Nous faisons là allusion aux dangers d'un trop grand centralisme de l'organisation, de la substitution de la responsabilité hiérarchique à la responsabilité individuelle et du fonctionnement qui ne trouve qu'en lui-même sa justification en oubliant le patient à soigner.

D. Il a fallu essayer de répondre ensuite au souci de déceler les problèmes spécifiques aux patients qui n'étaient pas résolus par les traitements déjà mis en œuvre (de médecine interne, de neuropsychopharmacologie, comportementaux, voire de psychothérapies, institutionnelles ou autrement «médiatisées»), alors que leur procédure d'application et les limites de leur efficacité avaient pu être assez correctement évaluées. Ceci devait conduire à apprécier en quoi les psychothérapies plus particulièrement verbales pouvaient contribuer à régler ce qui ne l'était pas encore. Cette approche s'est alors d'abord orientée plus sur le groupe que sur l'individu.

a) La *psychothérapie de groupe* pour les patients âgés hospitalisés a pu être précédée ou menée parallèlement à des expériences réalisées avec les membres de leur famille. L'hospitalisation peut, en effet, être le résultat ou la cause de perturbations du système relationnel non seulement des patients, mais de leurs proches. Il se crée auprès de ces derniers qui représentent une partie de ce qu'a été le patient, sont porteurs de son statut social et restent des témoins indispensables pour le soignant une sorte de *« présence thérapeutique »* (P. Bovier, 1979) qui tente de maintenir ou de compenser un équilibre parfois précaire. Il a été et reste ainsi nécessaire de bien et de mieux informer les familles et les proches des patients âgés en soins sur l'organisation présente des soins psychiatriques aux âgés, sur la qualité des structures institutionnelles à disposition, leurs modes de fonctionnement et leurs limites et sur la nature et l'impact des traitements qui peuvent être envisagés.

La psychothérapie de groupe centrée sur le patient âgé a le plus souvent utilisé en milieu hospitalier la technique de discussion entre soignés et soignants d'une même unité de soins. Confrontés régulièrement à un groupe de patients, les soignants arrivent à mieux marier leur capacité d'écoute, de mise en relation et de communication. Le groupe permet aussi l'amélioration des capacités à s'exprimer et des possibilités de mentalisation des patients âgés relativement indépendantes de leur pathologie. Le processus de transformation n'est pas évident d'emblée. L'évolution favorable est marquée par la valorisation émotionnelle des patients âgés. Il y a, en effet, une limite imparfaite de l'appropriation, d'une part, du présent de l'autre qui est pour les uns leur passé et pour les autres leur avenir et, d'autre part, de ce passé et de cet avenir de l'autre qui est leur présent. L'accès à la relation paraît atténuer un sentiment possible d'anéantissement.

Ce type de groupe thérapeutique a été expérimenté dans des unités de soins où se retrouvaient des patients âgés présentant des troubles mentaux différents. D'autres groupes ont été créés hors des unités de soins pour des patients dont les problèmes étaient proches, par exemple ceux des dépressifs. Les informations qu'ils ont fournies méritent dans l'un et l'autre cas d'être encore contrôlées.

b) Si la psychothérapie de l'âge avancé a souffert d'un manque de doctrine, elle s'est mal remise de doctrines qui, assurant la promotion d'une épistémologie nouvelle de l'inconscient, n'ont soutenu que la psychothérapie appliquée à d'autres âges de la vie. Cette influence semble surtout avoir marqué la *psychothérapie individuelle* spécifiquement verbale qui a été primitivement envisagée pour la névrose. Dans la perspective de la psychiatrie gériatrique que nous développons, cette forme de psychothérapie représente plus un point d'arrivée qu'un point de départ de l'organisation du domaine d'application de la psychothérapie de l'âge avancé et de la présentation des orientations psychothérapeutiques qui s'y rapportent. Elle est devenue un moment d'interrogation de l'histoire qui guide notre réflexion.

A. Berge (1968) a décrit trois directions d'accès psychologique à une meilleure adaptation de l'individu. La première est *étiologique* et tournée vers la recherche et l'explication des causes des symptômes. La deuxième, dite *actualiste*, se borne à vouloir neutraliser maintenant les effets de ces causes. La troisième est *finaliste* et recherche essentiellement à restituer la cohérence de l'être en faisant converger vers un but « toutes les tendances, les forces, les sentiments et les pensées » de l'individu. En décelant qu'il pouvait y avoir un levier thérapeutique puissant dans la connaissance des causes psychologiques, S. Freud instaurait aussi une procédure d'exclusion thérapeutique liée momentanément à la nosographie, mais plus durablement à l'âge. En effet, son système explicatif le conduisait, comme cela a été bien souvent relevé, à juger les sujets âgés inaccessibles à sa méthode par suite de l'insuffisance « de l'élasticité de leurs processus mentaux », de leur inéducabilité ou de « la masse de matériel à traiter qui prolongerait inutilement le traitement ». Cette position peut paraître curieuse dans l'élaboration d'une doctrine psychodynamique. Mais comme le souligne G. Abraham (1981), l'attitude de la psychanalyse envers le vieillard a été paradoxale. « Elle a mis en valeur l'image paternelle et maternelle dans la dynamique du psychisme, mais, en pratique, a refusé de prendre les gens âgés en considération, aussi bien du point de vue d'une recherche systématique que du point de vue d'une thérapie possible ».

Il y a donc des préalables au développement d'une psychothérapie individuelle de l'âge avancé qui fasse appel à d'autres facteurs que la volonté, la suggestion, la pensée et la conscience. Le plus important a peut-être été de reconsidérer les données admises de la psychologie de l'âge avancé. Quelques auteurs s'y sont employés isolément (K. Abraham, 1920; S. Ferenczi, 1921; M. Grotjahn, 1940; P. Schilder, 1940; G.W. Wayne, J.M. Merloo, 1953; A.I. Goldfarb, 1955; N. Cameron, 1956; M. Balint, 1957; G. Bibring, 1966; C. Balier, 1976). Comme l'indication de la psychothérapie chez le malade âgé (G. Goda, 1980) dépend aussi bien de la capacité du sujet à pouvoir en tirer profit que de la conception personnelle que le thérapeute a de la vieillesse et de son aptitude à aborder ces problèmes, il a été nécessaire de faire en sorte que les nouvelles observations qui s'imposent, ne soient pas écrasées par le souci de les faires coïncider trop rapidement avec une exigence théorique de quelque nature que ce soit.

Nous convenons, en effet, très volontiers avec C. Muller (1981) qu'il n'est jamais trop tard chez le sujet âgé pour détecter les situations conflictuelles cachées et tenter de les résoudre par la psychothérapie. Il semble toujours possible d'apprendre à accepter la vieillesse et le vieillissement. Il nous faut cependant admettre que la psychothérapie individuelle du sujet âgé reste encore soit trop empirique, soit adultomorphique. Chaque psychothérapeute en est réduit, selon ce dernier auteur, à utiliser l'instrument dont il dispose et qui lui convient. Ceci peut le conduire ainsi à s'écarter délibérément de la notion de cure transférentielle pour être plus attentif aux besoins réels immédiats des patients âgés (M. Grotjahn, 1956).

E. La *psychothérapie* dite *de soutien*, quant à elle, est la moins élaborée des psychothérapies verbales. Elle tient un rôle complémentaire dans la mesure où elle permet de suivre le sujet qui souffre dans l'aménagement de sa réalité quotidienne, dans ses traitements, dans ses activités et dans sa manière de vivre. Elle peut être partiellement directive. Elle fait appel à l'incitation, à la réassurance, à l'apaisement et à la consolation.

F. C'est surtout aux *psychothérapies « corporelles »* ou *« à médiation corporelle »* que l'on doit la sensibilisation de l'âgé aux véritables approches psychothérapeutiques verbales. C'est par l'expérimentation d'un vécu corporel induit que s'y effectue le changement psychologique attendu et qu'est préparée la voie possible à une psychothérapie verbale.

Parmi les voies qui ont dû être envisagées, dans l'évolution que nous décrivons, pour approfondir le niveau de communication des soignants avec les patients âgés, mieux comprendre les besoins exprimés ou non de ces patients, mieux percevoir et intégrer l'aspect conatif ou motivationnel et affectif de leur pathologie, une méthode de relaxation préconisée par J. de Ajuriaguerra et M. Cahen (1960) a joué un rôle majeur. Cette *relaxation psychothérapeutique* avait, en effet, l'avantage :

– de servir d'initiation à une meilleure connaissance et pratique de la relation thérapeutique et de la psychothérapie par un moyen transitionnel permettant chez le patient âgé un registre d'action plus facilement nuancé que le contact verbal direct ;

– de trouver un mode d'abord psychothérapique mieux adapté aux patients âgés aux prises avec une pathologie en train d'être mieux connue ;

– de permettre de recourir au *« dialogue tonique »* dans une expérience vécue et dans une participation active à une prise de conscience plus proche, pour le patient, de ses problèmes et de leur solution ;

– d'offrir enfin certains éléments nécessaires à la compréhension du vécu corporel de la personne âgée à travers celle du patient âgé dont la psychomotricité et la somatognosie, points de jonction privilégiés de la cognition et de l'affectivité, évoluent et se modifent à cause de l'affection psychique.

Le vécu corporel impliqué dans les variations du tonus musculaire qui conduisent à la détente est, dans cette *relaxation psychothérapeutique*, le facteur original de l'observation et du traitement du patient âgé. Il ne s'agit pas seulement d'obtenir du patient un état de détente musculaire. L'objectif principal est de lui faire prendre conscience de la nouvelle manière d'être que cette détente dévoile chez lui et de l'analyser en fonction des rapports que le patient établit avec lui-même et, par l'intermédiaire du soignant qui l'assiste, avec les autres. Dans la recherche de la détente, le patient est, en effet, amené à découvrir ce qui se passe, à ce moment-là, dans son corps et à partir de son corps. La généralisation d'un phénomène cénesthésique, expérimenté d'abord localement au niveau d'un membre en présence du thérapeute et avec lui, se situe dans un échange qui se veut une alliance passagère pour un meilleur contrôle de soi. Le corps du patient est donc envisagé comme l'expression de sa personnalité réglée par ses modes de défense, ses résistances et ses conflits. L'attention portée à une modification sensible du corps sert à faire apparaître l'importance, la signification et les perturbations du système relationnel. Elle doit participer à l'élaboration de moyens propres à le mieux organiser.

A travers cette relaxation psychothérapeutique, lieu d'intégration des affects (A. Picot, 1970) et d'un espace qui privilégie une forme particulière de relation soignante, il a paru possible, non seulement de sensibiliser le patient âgé à un autre mode de psychothérapie, voire à un autre mode de traitement, quand cela était nécessaire, mais encore d'ouvrir la voie à un abord psychothérapique plus profond.

Rappelons que la ***thérapie psychomotrice***, qui, dans son essor, a tiré un bénéfice certain de cette forme de relaxation, s'appuie sur une mise particulière du corps en action. Cette action a pour origine le sujet lui-même. C'est une thérapie *par* le corps, car c'est le corps lui-même qui traite ou est thérapeutique. Les variations affectives du patient âgé s'y traduisent particulièrement bien par une modification des mouvements, des attitudes, des gestes et des postures corporels. Inversement, un changement induit de ces facteurs peut influer sur l'affectivité et peut ainsi servir de vecteur psychothérapeutique. La *thérapie psychomotrice* s'oppose ainsi à la thérapie *sur* le corps, dans laquelle le corps est exposé à une intervention extérieure induite par le thérapeute. Elle ne doit pas non plus être considérée comme une variante de *psychothérapie «corporelle»* ou *«à médiation corporelle»* dans laquelle le corps n'est que l'étai conceptuel qui autorise la création d'un espace où l'on estime se jouer le processus psychothérapeutique.

G. Ce n'est qu'ensuite qu'il fut possible de pratiquer une *psychothérapie* dite *d'inspiration psychanalytique*, car moins orthodoxe que la méthode originale. Plus courte et souvent centrée sur l'aspect le plus spécifique de la problématique soulevée, elle limite, dans l'interprétation d'un conflit né de la permanence dans la vie psychique de l'action de ce qui est refoulé et du poids d'expériences précoces et de la sexualité infantile, l'analyse du transfert, c'est-à-dire celle de la projection sur le soignant des sentiments qui y sont attachés. Les interventions s'y passent en face à face. Ses buts, ses procédés, leur longueur et leur périodicité font l'objet d'une négociation entre le patient et son thérapeute.

H. C'est seulement alors que fut progressivement introduite en psychiatrie gériatrique la *psychothérapie familiale* avec ses deux orientations principales, l'*orientation systémique* et celle du *modèle dit «de croissance»*. Dans un cas, c'est dans la révélation des règles de fonctionnement de la structure familiale que peut se comprendre le comportement d'un de ses membres. Dans l'autre, le même comportement est appréhendé par rapport à la phase à laquelle se situe l'évolution de la famille (couple marié sans enfant, famille avec enfants en âge scolaire, d'apprentissage ou universitaire, départ des enfants de la cellule familiale) et selon la manière dont il est négocié dans l'organisation familiale actuelle.

I. Plus tard, le terrain fut prêt pour accueillir la *psychothérapie cognitive*. Cette dernière se définit comme une approche structurée, limitée dans le temps et axée sur la manière de faire face aux difficultés de la vie quotidienne. Elle vise la prise de conscience et la modification de pensées dysfonctionnelles. Elle se révèle particulièrement efficace chez l'âgé pour autant qu'il ait un niveau verbal et d'adhésion au projet suffisant. Elle consiste à amener le patient à construire, à travers des règles précises, une nouvelle façon de percevoir la réalité et d'agir sur elle. Elle recourt à l'assignation de tâches graduées et à la résolution de problèmes. Elle contribue à l'identification de pensées automatiques et à l'élargissement d'interprétations éventuelles. Il est demandé au patient de jouer un rôle actif sur le modèle de celui du psychothérapeute. Cette psychothérapie tend à mieux intégrer la cognition, l'affectivité et l'action. Elle «revisite» même le passé, qui devient le lieu privilégié de l'exploration et de la compréhension du blocage psychique vécu par le patient. Elle prend en compte la manière dont les âgés traitent ce qui se dit et les événements de vie auxquels ils sont si souvent soumis dans la vieillesse. Elle porte une attention particulière à la qualité instrumentale et opératoire de la cognition de l'âgé et aux représentations que le soignant et lui-même se font d'eux-mêmes, des autres, du vieillissement, de la vieillesse et du monde qui les entoure.

J. Le fait essentiel pour la psychiatrie gériatrique est de bien déterminer ses objectifs généraux. C'est d'eux que dépendent le choix des méthodes d'investigations et l'application des projets thérapeutiques. Dans cet état d'esprit, il faut que le recueil des symptômes tende à s'accorder avec la possibilité de soins. C'est la délimitation des objectifs intermédiaires qui permet le renouvellement des capacités d'observation et rend plus exactes les propositions thérapeutiques. Il faut encore estimer constamment les ressources utilisables. Celles-ci peuvent porter sur l'état des structures architecturales et fonctionnelles d'une organisation de soins, le nombre et la qualité des soignants, le niveau de la connaissance véhiculée ou les modalités de l'emploi de moyens thérapeutiques connus. Ainsi s'opère le choix de ce qui peut être le plus apte à répondre aux besoins du patient âgé. Cette sélection doit toutefois respecter l'idée que chaque patient doit bénéficier de façon égale mais différenciée de ce dont on dispose ou dont on sait disposer pour lui à un instant donné. Il faut préserver la capacité du sujet âgé à s'assumer lui-même. Il ne doit donc pas profiter de tous les moyens thérapeutiques. S'il est prouvé qu'un résultat identique peut être obtenu par des procédures différentes, le soignant doit tenter de l'acquérir par une seule d'entre elles. L'intégration des données fournies par une approche multidisciplinaire propre à la psychiatrie gériatrique suppose également la sélection des actions thérapeutiques qui sont entreprises. L'acte psychothérapeutique peut être une de celles-là. Il n'a cependant, sauf dans un but de recherche, aucune priorité absolue d'utilisation sur les autres ni sur l'action psychothérapeutique telle que nous l'avons envisagée.

Il est une démarche qui, au cours des années, a cherché et cherche encore dans le cadre d'une évolution des demandes et besoins des patients âgés et de leurs familles, ainsi que dans celui de l'évolution des connaissances employées par les soignants, à structurer les avancées de la médecine en vue de leur usage optimal par le patient âgé. Cette démarche échappe aux reproches attribuées à des doctrines qui portent moins sur l'agencement de tous les procédés de résolution des problèmes psychopathologiques de l'âge avancé que sur la nature même et l'interprétation de cette psychopathologie. Bien qu'elle conduise de l'action à l'acte psychothérapeutique, elle ne permet pas d'émettre un jugement sur la valeur respective de deux attitudes qui semblent se compléter obligatoirement et devoir se développer et se codifier d'une manière spécifique. Elle délimite toutefois un *espace organisationnel* et *relationnel* qui contribue indiscutablement à son efficacité thérapeutique.

ns politiques, juridiques
Chapitre 17
Les pressions politiques, juridiques et administratives sur l'efficience de l'acte médical en psychiatrie gériatrique

Politiciens, juristes et administrateurs de la santé publique véhiculent, en tant qu'êtres humains, des modes de pensée et de représentation, donc un langage, qui, même dans leurs activités spécifiques, sont ceux de la communauté de vie dans laquelle ils évoluent. Ils les colorent toutefois de leurs attributs professionnels, c'est-à-dire de la manière dont ils doivent régler, dans un cadre particulier, les problèmes qui leur sont soumis. C'est ainsi que dans l'exercice de leurs fonctions ils interprètent constamment le langage médical. Ils le brident aussi indirectement dans son développement lorsqu'ils ne saisissent pas les progrès qu'il dévoile. A l'inverse, moins au contact de la réalité de ces derniers, le médecin comprend mal ce frein qui ralentit ses efforts. C'est néanmoins dans ce contexte que la psychiatrie gériatrique a dû se frayer un chemin difficile dont il est utile d'indiquer ici quelques traits.

A. L'attribution des ressources dévolues à l'âgé atteint d'affection mentale s'accompagne souvent, de la part de celui qui en décide et de celui qui est chargé de les gérer financièrement, de leur intrusion dans le champ de ceux qui connaîssent le mieux les besoins médicaux et de soins du patient considéré, c'est-à-dire le médecin et les professionnels de la santé, parce qu'ils dispensent ces soins, et qui en conséquence sont les plus aptes à en déterminer la répartition et l'usage à un moment donné.

Le psychiatre de l'âgé sait, par exemple, qu'il est nécessaire de diversifier les structures soignantes et qu'à côté de l'hôpital psychiatrique, il doit avoir la possibilité de recourir, pour des raisons qui ne sont pas d'ordre financier, mais propres à son activité, à des formules de *consultations à domicile*, d'*hôpitaux de jour*, de *centres de jour* ou de *foyers de jour*. Mais il n'a pas la maîtrise de leur mise en place.

Rappelons que, pour le psychiatre de l'âgé, les *hôpitaux de jour* pour patients âgés atteints d'affection mentale qui peuvent être implantés à l'intérieur même de l'hôpital psychiatrique ont pour rôle soit d'éviter l'hospitalisation, soit de la préparer, soit de faciliter le retour à domicile du sujet hospitalisé après le préalable ou non de son insertion dans un milieu communautaire moins spécialisé. Lorsque ces hôpitaux de jour sont dans la cité, ce qui est peut-être préférable, ils doivent répondre à la même mission tout en respectant la spécificité que leur donne l'affection mentale, c'est-à-dire dans un espace distinct de celui réservé à d'autres catégories d'âge et à des âges porteurs ou en convalescence d'une affection essentiellement somatique.

Les *centres de jour*, quant à eux, sont des lieux surtout intrahospitaliers qui permettent, hors des unités d'hospitalisation de dispenser des thérapeutiques précises, tels que l'ergothérapie ou la sociothérapie. Ils pourraient certes s'insérer avantageusement dans un réseau de soins extra-hospitaliers.

Aux *foyers de jours* doit être réservée une fonction exclusivement sociale. Ce ne sont pas des structures médicales, bien que des consultations, en particulier psychiatriques, puissent y être données si nécessaire au même titre que celles réalisées à domicile.

La création de ces différentes structures dépend certes des modalités de l'infrastructure de soins régionale et locale et d'un environnement socioculturel liés à une géographie et à une histoire. Ils ne s'imposent toutefois pas à un endroit donné parce qu'ils ont été implantés ailleurs. Ils doivent répondre localement à un besoin authentique. Les innovations et leurs richesses sont à ce prix.

B. Si le psychiatre de l'âgé n'y prête pas attention, c'est *le mode de financement de ces différents lieux* qui conditionne le choix des personnes et des patients âgés qui y font appel plus que *la priorité des besoins réels* de ces derniers. C'est là encore le plus souvent la *durée de fréquentation* et le *poids des soins* qui, sans parler du sexe et du degré de longévité, classent les âgés et influent sur des groupements d'âges basés plus sur des critères administratifs que médicaux. Or, il est bien connu, que l'homogénéité recherchée de ces groupes, car plus facile à gérer financièrement, limite considérablement, par le biais du contrôle des ressources accordées, les soins psychiatriques possibles. Elle est, de plus, à l'origine de la fréquente décompensation psychologique des soignants qui se vouent à ces soins, car elle ne respecte nullement les règles les plus élémentaires de la *thérapie institutionnelle* déjà évoquée et les nécessités psychologiques du soignant.

On peut aussi comprendre, sans les admettre, les tentatives heureusement avortées de créer un concept de *quatrième âge* concernant tous les patients déficitaires quel que soit leur âge pour les rejeter dans des lieux qui ne seront qu'autant de lieux d'exclusion pour les soignés et les soignants.

Ces attitudes renforcent, quand elles ne génèrent pas, les notions d'*incapacité*, d'*invalidité* et entretiennent la catégorie des **grabataires** qui n'ont rien de médicales et qui ne doivent plus avoir cours en psychiatrie gériatrique. Devient ainsi grabataire celui qui n'est jamais levé de son lit et reste maintenu couché en permanence plus que celui qui a réellement besoin d'un alitement momentané.

C'est là que, pour remédier à cet état de fait, la *décentralisation des responsabilités* vers ceux qui sont au plus près des patients âgés doit s'opposer aux multiples tentatives, réussies pour beaucoup d'entre elles, de cette *centralisation administrative à outrance* prônée par certains économistes et si convoitée par nombre de gestionnaires des soins.

C. *La loi dont dépend, dans chaque pays, le régime des patients atteints d'affection mentale et les activités soignantes s'y rapportant* n'a pas, comme l'ont cru certains, que des inconvénients pour les patients âgés. Elle a d'abord l'avantage d'être une des manières de souligner la spécificité des soins que l'on doit à ces patients. Elle réfute ensuite l'approche « globale » ou holistique qui a si bien servi à autonomiser le corps infirmier, mais ne lui a nullement fourni les fondements d'un théorisation acceptable de son action liée à d'autres sources. Cette approche fut utilisée par certains milieux gériatriques pour essayer d'absorber, sans succès d'ailleurs, la psychiatrie gériatrique à l'instar de ce que tenta de faire la pédiatrie vis-à-vis de la pédopsychiatrie au début du XXe siècle.

Dangerosité, **violence**, **délinquance**, **sécurité** et **maintien de l'ordre** sont des domaines où s'affrontent psychiatrie et justice. Ils posent le problème de la maîtrise de certains comportements jugés asociaux qui mettent en péril le patient, la collectivité et les soignants. Ils posent aussi celui de leur **responsabilité** respective et ont engendré la notion d'***interdiction légale***.

Les moyens de répondre à la dangerosité, à la violence et à la délinquance peuvent eux-mêmes les provoquer. L'hôpital psychiatrique ne peut être pour les patients âgés un lieu de mise à l'écart systématique et de coercition.

Or, comme d'autres, nous avons par exemple assisté à de nombreuses admissions de patients âgés en milieu psychiatrique sous le prétexte d'une notion populaire de *démence* qui n'avait rien à voir avec la difficulté psychique authentique présentée à ce moment là par les intéressés eux-mêmes. Pour la loi, la démence correspond à *« tout désordre pathologique assez grave pour aliéner la liberté d'apprécier et de décision de celui qui en est atteint »*.

En plus d'une estimation clinique d'abord fondée sur une apparence comme la *démence vésanique* ou sur l'âge comme la *démence dite précoce*, ainsi que sur la constation d'une *« détérioration mentale »* qui atteignait la performance et non la compétence, le terme de démence a une autre connotation médicale, bien que celle-ci ait évolué et mérite actuellement d'être considérée à son tour comme obsolète et d'être abandonnée.

C'est donc une meilleure caractérisation des difficultés psychiques des âgés qui a permis de changer l'image que la collectivité avait de ces derniers.

D. La loi ne définit pas la responsabilité, sinon indirectement en signalant les circonstances dans lesquelles cette responsabilité disparaît. C'est ainsi le cas *« lorsque le sujet est en état de démence au temps de l'action ou lorsqu'il a été contraint par une force à laquelle il n'a pu résister »*. La loi s'intéresse autant aux intentions qui définissent et guident les actes délictueux qu'aux actes eux-mêmes.

Quant à la ***responsabilté médicale en psychiatrie gériatrique***, elle a d'abord oscillé entre deux excès : le refus très fréquent d'accepter sérieusement de prendre en considération le soin de la personne âgée atteinte d'affection mentale et une tendance à l'activisme dans la perspective déjà annoncée d'une médecine globalisante et réductionniste.

Nous ne reviendrons pas sur la responsabilité médicale liée aux carcans idéologiques dont devait hériter le psychiatre de l'âgé et dont il dût se libérer, ni sur celle attachée à certains aspects de la gestion des soins qui devaient être corrigés. Il faut cependant reconnaître l'importance de la responsabilité médicale lorsque l'attitude du médecin rencontre la demande du patient âgé et de son entourage et à travers elle celle de sa communauté. Il convient alors d'admettre en psychiatrie gériatrique ce que dit C. Bruaire (1978) à propos de l'*éthique médicale*. «L'exercice personnel de la raison, délesté de ses intérêts immédiats comme des idéologies vieillies, mais serf de la liberté, (y) est aussi indispensable (au médecin) que la compétence scientifique».

E. Il y a entre le *discours du professionnel* et *du profane* un conflit nécessaire dans le difficile partage des responsabilités en psychiatrie gériatrique.

Comme l'indique E. Freidson (1984) déjà cité, il est habituellement reconnu qu'une pratique médicale sous la dépendance exclusive de ceux qu'elle sert amène une efficience de soins généralement médiocre, car cette pratique tend à affaiblir une profession. C'est seulement lorsqu'il a obtenu son autonomie sur une communauté que le médecin a créé et entretenu une véritable recherche professionnelle et fait avancer ses connaissances.

Ainsi fondée à la fois sur l'objectivité de la science et sur l'autonomie et la légitimité acquises dans l'exercice de sa tâche, le médecin, relève E. Freidson, tend à définir dans les termes qui lui sont propres la nature du problème de celui qui est son client et l'objet, voire la matière même, de son travail. Il pourra déterminer lui-même le contenu et les limites du service qu'il est prêt à rendre à autrui. Il tend ainsi à ignorer le besoin tel que le patient le perçoit. Il argumente son choix sur le fait que dans certaines circonstances le patient sait si peu de la réalité de son problème et de la façon de le résoudre qu'il ne peut décider ce que requiert son état.

E. Freidson précise que si le patient est capable de saisir intellectuellement ce que le médecin lui explique et qu'il a mis des années à apprendre, il peut être incapable sur le plan affectif de recourir à ses capacités cognitives réelles. Le patient ne peut participer à la décision du geste du professionnel. Il devient alors difficile pour le médecin de concilier la liberté civile du profane, l'intégrité morale qu'il se reconnaît et l'intention empreinte, quoiqu'il puisse s'en disculper, de moralité pour défendre le droit et la responsabilité qu'il s'octroie. Mais la dignité de l'homme est-elle suffisamment garantie par le rôle que le médecin tend à s'assigner et à assigner au profane? Y a-t-il lieu, comme le suggèrent certains, de distinguer l'autonomie du médecin pour développer le savoir concrétisé dans son activité d'une part et les modes d'application pratique de ce savoir d'autre part? L'avis d'un proche, d'une personne de confiance ou l'intervention d'un représentant légal peuvent être un frein contre une suspicion d'abus, mais ne peuvent être la caution suffisante à leur abolition définitive.

A la découverte d'un patient trop mal connu comme le patient âgé, les soignants se sont découverts eux-mêmes. Un partage s'est peu à peu installé entre les soignés et les soignants qui a demandé la *participation* effective du malade à ce qui est fait pour lui. Dans une responsabilité qui semble partagée, le soignant est-il totalement dégagé de sa responsabilité ou s'engage-t-il dans une autre forme de responsabilité, une responsabilité déléguée ? Quant à lui, le patient âgé atteint d'affection mentale n'est pas, du fait de son affection, définitivement dégagé de tout responsabilité.

Dans le transfert de responsabilité qui fait jouer la *solidarité*, le psychiatre de l'âgé ne se sent nullement libéré de ses engagements. Sa responsabilité se modifie, mais continue à être impliquée. Comment pourrait-il tolérer de se laisser imposer à propos de l'*euthanasie* ou de la liberté du patient de choisir ou de vivre sa mort une pratique dans laquelle, avec la médecine qu'il représente, il perdrait lui-même son sens.

Nous ne pouvons discuter ici du *discours politique* qui se situe entre le discours professionnel et profane. Le discours politique a sa façon de renforcer l'un ou l'autre à son profit en fixant des responsabilités qui peuvent apparaître comme une entrave non seulement à la liberté d'opinion personnelle, mais aussi à la qualité des prestations d'une profession. Le langage médical, en particulier en psychiatrie gériatrique, a donc été tenu, comme nous avons cherché à le montrer, à s'adapter à cette forme de contrainte.

Chapitre 18
Psychogéragogie, orthopsychogéragogie et pédagogie médicale en psychiatrie gériatrique

Il est des termes dont l'usage s'est révélé indispensable pour traiter de formation. Cette dernière concerne d'une part le sujet qui vieillit et celui qui est dans l'âge de la vieillesse. Elle concerne d'autre part le médecin lors de sa formation prégraduée et postgraduée, ainsi que les différentes professions de santé, en particulier celles qui œuvreront auprès des âgés.

A. L'individu qui vieillit, sa communauté et la personne âgée elle-même ont été l'objet d'interventions préventives concernant les modes de pensée développés sur le vieillissement, la vieillesse et leur représentation sociale. Des études plus précises ont été poursuivies sur les processus éducationnels de la personne âgée. Elles sont à l'origine de cette discipline pédagogique désignée sous le nom de *géragogie* (ou *gérontagogie*) complétant une éducation qui, à d'autres âges, prend le nom de *pédagogie* pour l'enfant et d'*andragogie* pour l'adulte. Elle s'est étendue sous la forme de l'*orthopédagogie* et de l'*orthogéragogie* au *handicapé* qui maintenant atteint très souvent l'âge de la vieillesse.

La *psychogéragogie* est un volet spécialisé de la géragogie. Elle est à la géragogie ce que la psychopédagogie est à la pédagogie. Qu'il y ait ou non une atteinte cérébrale organique reconnue ou supposée, l'âgé a souvent besoin d'une intervention psychologique éducative qui consiste en l'analyse des situations qu'il ne gère plus ou qu'il gère mal et en la recherche partagée des conditions les plus favorables au recours à des processus d'éducation. Cette intervention est *psychologique* dans la mesure où elle tient compte des facteurs cognitifs, motivationnels et affectifs dans l'appréciation des capacités individuelles. Elle est *pédago*-

gique, car elle utilise les moyens éducatifs pour pallier les difficultés qui surgissent dans la vie de tous les jours. Elle a montré que l'âgé est capable de suivre un enseignement, de réaliser des projets, de faire preuve d'intérêts intellectuels divers, d'apprendre et de prospecter.

La *psychogéragogie* a favorisé un premier changement dans les rapports entre pédagogie et culture grâce à une perception nouvelle et moins négative de la personne âgée. Elle a dénoncé et continue à dénoncer les fausses idées tenues sur le vieillissement et la vieillesse. Elle a inspiré l'approche pour l'âgé d'un nouvel équilibre existentiel.

Sans accéder aux mécanismes intrapsychiques, la *psychogéragogie* vise à établir une relation humaine susceptible de modifier le comportement souvent pessimiste de l'âgé et vis-à-vis de l'âgé. Elle sait répondre à ses moments de détresse psychologique et de souffrance morale. Cette démarche est *pragmatique* et *adaptative*.

Le recours à un cadre théorique nosographique n'y est pas d'une grande utilité. En effet, le blocage sur le faux problème du normal et du pathologique et la conviction qu'en pratique clinique, il n'est pas absolument nécessaire de connaître pour agir, encouragent plutôt à écouter, à comprendre et à susciter, mais encore plus à aider à agir. Pouvoir communiquer son angoisse, sa solitude, son isolement, son sentiment d'impuissance devant les événements qui ne sont plus maîtrisés est important pour l'âgé. Prendre connaissance des moyens pour faire face aux problèmes, savoir faire à nouveau appel à ses ressources, découvrir que l'on est capable d'exécuter certaines tâches le sont encore plus.

Ce type d'approche, tributaire d'une culture et d'un langage approprié pour en faire état, a progressivement permis de combler la trop faible connaissance psychothérapeutique de la personne âgée qui limitait les possibilités dont pouvait bénéficier l'adulte plus jeune. Le cheminement de l'âgé vers l'accès aux psychothérapies verbales a été décrit au chapitre 16.

Il existe aussi, pour le *handicapé mental* qui vieillit, une forme particulière et nouvelle de pédagogie. C'est l'*orthopsychogéragogie* qui est le versant psychologique de l'*orthogéragogie*.

B. En ce qui concerne la *pédagogie médicale*, la *formation du géropsychiatre* doit, comme celle du psychiatre de l'enfant ou de l'adolescent, être complémentaire d'une formation générale de base en psychiatrie.

1. Comme l'indiquent les textes préparatoires à la reconnaissance, qui ne saurait tarder, d'un titre de spécialiste en psychiatrie gériatrique et psychothérapie de l'âge, les tâches spécifiques du géropsychiatre sont déterminées par ses fonctions :

a) Il doit être capable d'examiner, de traiter et de conseiller les âgés atteints de troubles psychiques et de leurs conséquences, ainsi que de soutenir l'entourage directement concerné par ces difficultés.

b) Il doit savoir collaborer de façon adéquate avec les autres spécialistes médicaux, ainsi qu'avec :

– les professionnels de la santé, tels que les infirmiers(ères), les ergothérapeutes, les sociothérapeutes, les thérapeutes de la psychomotricité, les physiothérapeutes, les psychologues, les logopédistes et les travailleurs sociaux ;

– les politiciens, les administrateurs de la santé publique, diverses autorités, groupements et associations, ainsi que toute personne concernée par les problèmes des personnes âgées.

c) Il doit dans ce contexte pluridisciplinaire assurer avec les compétences nécessaires le fonctionnement interdisciplinaire qui fixe les responsabilités dans le soin. Il doit pouvoir élaborer un programme thérapeutique avec différentes catégories d'intervenants et en assurer la réalisation. Il doit savoir conseiller les autorités et les institutions qui œuvrent dans le domaine de la gérontologie et participer ainsi à toute démarche préventive des effets de la vieillesse et du vieillissement sur les comportements individuels et collectifs. Il doit constamment mettre ses connaissances à jour, enrichir son expérience clinique par la pratique et la recherche, approfondir ses relations avec autrui, percevoir et saisir la dynamique socioculturelle de sa communauté de vie. Il doit pouvoir transmettre son savoir.

2. Pour respecter les normes de formation actuelles, la formation postgraduée de première intention en psychiatrie gériatrique et psychothérapie de l'âge devrait durer six ans, dont deux ans de psychiatrie de l'adulte jeune, trois ans de psychiatrie gériatrique intra- et extra-hospitalière comprenant au moins un an de pratique ambulatoire, et un an d'une autre spécialité telle que la neurologie, la physiatrie ou la gériatrie.

3. L'expérience clinique en psychiatrie gériatrique devrait obligatoirement porter sur toutes les classes d'âge à partir de la sixième décennie.

4. Les exigences théoriques (cours et séminaires) devraient être au moins de 150 heures par an non comprises les heures de psychothérapie sous contrôle.

a) Les notions acquises pendant les études de médecine devraient être complétées dans les domaines suivants :

- ethnologie et ethnopsychiatrie ;
- neuropsychologie et psychoneurologie ;
- sciences neurologiques au sens strict (neurologie, neuro-anatomie, neurophysiologie, neurochimie) ;
- sciences du comportement et des relations interhumaines (psychologie générale, psychologie expérimentale, psychologie génétique, psychologie cognitive, psycholinguistique, linguistique, sociologie, éthologie) ;
- histoire et philosophie du vieillissement et de la vieillesse ;
- géragogie, orthogéragogie, psychogéragogie et orthopsychogéragogie ;
- biologie du vieillissement et génétique ;
- épidémiologie ;
- méthodologie de la recherche.

b) La formation clinique théorique devrait tenir compte des aspects suivants :

- étiophysiopathogénie des affections mentales de l'âgé (états de la sphère thymique, états délirants, états dissociatifs, états démentiels, états névrotiques, états liés à la qualité de l'afférentation motrice, sensitive, sensorielle, cognitive, conative, affective et sociale, états réactionnels) ;
- psychopathologie de l'âgé en tant que théorie de la pratique géropsychiatrique ;
- psychologie pathologique (recours à la pathologie mentale pour éclairer le fonctionnement psychique de l'individu âgé qui n'en souffre pas) et pathopsychologie (approche de la pathologie mentale de l'âge avancé par la méthodologie du psychologue) ;
- psychogérontologie ;
- psychologie médicale de l'âge avancé ou psychogériatrie ;
- aspects psychologiques et psychiatriques des affections somatiques ;
- abus de substances et alcoolisme tardif ;
- psychopharmacologie ;

- psychothérapies (institutionnelle, cognitive, analytique, systémique, centrée sur le corps, etc.);
- psychiatrie communautaire;
- psychiatrie gérontologique;
- psychiatrie médico-légale;
- processus de soin des professions de santé sus-citées;
- structures architecturales et fonctionnelles de soins à l'âgé.

C. Il est des connaissances de psychogérontologie et de psychiatrie gériatrique qui devraient maintenant être exigées du *médecin généraliste*, de l'*interniste* et du *gériatre*, pour ne pas dire de tout médecin.

La *psychologie médicale de l'âge avancé* ou *psychogériatrie*, bien qu'essentiellement développée par le géropsychiatre, est de celles-là. Elle doit faire partie de la formation graduée et de toutes les formations spécialisées du médecin. Elle doit être incluse dès le début des études médicales dans le programme général de *psychologie médicale*.

Les connaissances de psychogérontologie et de psychiatrie gériatrique peuvent être spécifiées selon la discipline médicale considérée.

a) Le *médecin généraliste* a acquis un statut privilégié qui fixe sa spécificité dans une approche contextuelle des individus de tout âge et dans le fait d'être souvent de premier recours. Sa spécialité est de rester attentif aux connaissances qui se développent dans toutes les disciplines médicales, en particulier de celles liées à l'âge. Il doit aussi connaître l'action thérapeutique à mener lui-même avant d'orienter son patient vers un confrère qui détient un savoir plus approfondi d'une seule de ces disciplines. Ainsi son temps d'intervention, devant un problème psychique suspect ou évident chez un patient âgé, peut précéder, accompagner ou suivre celui du géropsychiatre. Il peut conduire le traitement psychiatrique avec les conseils passagers de ce dernier ou établir une collaboration plus directe qui respecte et valorise leurs compétences réciproques.

b) Cette situation est la même que celle du *médecin interniste* dont l'orientation spécialisée se limite à une seule discipline et qui ne s'occuperait que de personnes âgées.

c) Pour le *gériatre*, outre celui essentiel de psychogériatrie déjà rappelé, le programme de formation touchant à la psychiatrie gériatrique devrait être limité à la détection de quelques conduites précises (motrices, cognitives, affectives et sociales) dans une causalité la plus proche d'une causalité linéaire avec laquelle est surtout familiarisé le somaticien et à l'attitude qu'il est convenu de tenir à leur égard.

D. Il nous a donc paru important de montrer d'une part l'intérêt pour l'âgé d'une meilleure connaissance de ses propres processus éducationnels et pour le médecin, et en particulier le psychiatre de l'âgé, de ce qui relève de la psychogéragogie et de l'orthopsychogéragogie. Il nous a semblé utile d'autre part d'insister sur les aspects de la psychiatrie gériatrique qui devraient plus spécialement faire partie des plans de formation du géropsychiatre et de ceux du médecin généraliste, de l'interniste et du gériatre. Ces aspects qui sont strictement médicaux ne sont pas, par leur nature même, ceux des professions dites de santé qui ont leur orientation et leur développement propres et que nous ne pouvons aborder ici.

Nous avons tenté d'indiquer les modalités générales du plan d'enseignement habituellement suivi maintenant dans les milieux géropsychiatriques. Nous insistons encore sur le fait que chaque profession soignante doit continuer à développer un savoir qui lui reste réservé et qui ne s'échange que dans une profession donnée et un autre adapté à une forme de communication qui permette la mise en œuvre de soins délivrés conjointement par plusieurs professions.

Nous avons réservé la discussion de ce qui, dans la procédure d'enseignement, doit revenir, selon les disponibilités et le choix de chaque université, à un apprentissage par matières et/ou par problèmes.

Conclusions

A. L'histoire a pour rôle premier de servir l'homme en son humanité. C'est pourquoi, elle est tri de ce dont il faut garder le souvenir pour, si nécessaire, y faire à nouveau appel et le mieux employer le moment venu. Elle est conquête d'un savoir à transmettre. Elle peut certes être la relation chronologique d'actions humaines et d'événements passés qu'il faut savoir lire et qu'elle tente aussi d'expliquer. Mais elle cherche aussi à être prédictive. Ainsi de *chronique*, elle s'est faite *anthropologie*. Car l'événement n'est pas un fait quelconque. C'est un fait notable, donc subjectif qui trahit une opinion ou l'opinion. Néanmoins la quête du sens de l'histoire dans la découverte de son développement et de ses aléas semble lui rendre l'objectivité souhaitable.

Dans le vécu de l'*histoire immédiate*, se trouve certainement la clé d'une autre connaissance, celle qui, selon l'expression familière de J. de Ajuriaguerra, « se fait en se faisant ». Il était possible d'en démontrer l'intérêt dans l'essor actuel de la psychiatrie gériatrique par l'intermédiaire de l'évolution du langage qui en témoignait. Car se dévoilait, du même coup, celle des modes de pensée qui lui étaient liés.

Choisir des domaines précis dans lesquels s'opèrent des variations de sens, c'est les rapporter à des thèmes qui en marquent d'une certaine façon l'historicité.

Nous avons rappelé que les groupements terminologiques répondent à des règles auxquelles doit se plier l'historien lorsqu'il se met à écrire l'histoire. Ces règles sont aussi celles du médecin qui veut écrire son histoire et celle de sa profession pour en servir le progrès. En effet, *mot*, *nom*, *terme*, *vocable* doivent respectivement trouver leur place soit dans un *vocabulaire*, soit dans un *dictionnaire*, si ce n'est dans une *terminologie*, une *nomenclature*, un *glossaire* ou un *lexique* qui, chacun, ont pour le linguiste une fonction déterminée.

Sont alors apparus pour la psychiatrie gériatrique, d'une part, le problème des niveaux de langage véhiculaire et vernaculaire pour la communication et l'échange et, d'autre part, celui de leur qualité de bon sens, de sens commun et scientifique pour la maîtrise de raisonnements de complexités variées.

S'y sont ensuite fait sentir l'absence de certains mots, mais surtout la nécessité d'une modification de leur sémantique. Ainsi, certaines étapes d'une existence humaine qui s'allongeait ne se montraient pas encore suffisamment différenciées. Leurs subtilités processuelles n'étaient pas prises en compte. Leurs états n'étaient pas toujours bien décrits. Progressivement, a donc dû être précisé ou modifié, en fonction des besoins d'une pratique et de sa théorisation, le sens de mots du vocabulaire en cours. Des mots nouveaux ont été également introduits pour rendre plus flexible le langage de référence. D'autres mots ont été définitivement considérés comme obsolètes ou ne s'accordant plus avec le degré de savoir acquis.

Parallèlement, les concepts fondamentaux de la psychiatrie gériatrique, tels ceux de la vieillesse et du vieillissement, ont été validés. A travers ces changements, ce sont finalement les objectifs mêmes de la psychiatrie gériatrique qui ont été autrement orientés dans un mouvement qui a aussi diversement imprégné celui de bien des domaines de la médecine. De ce point de vue, bien que la psychiatrie gériatrique y ait joué une influence prépondérante, il est bien difficile de dire quel est le domaine qui en a plus précisément été l'initiateur ou qui a laissé la plus grande empreinte sur les autres. Le fait est que, d'une manière générale, il a été possible d'en constater un profit pour les patients quels qu'ils soient sans que l'on ait éprouvé le besoin d'en évaluer les apports respectifs. Donner la même importance à l'adaptation au milieu qu'à la guérison, ne plus envisager le diagnostic comme un but en soi, mais comme une simple étape de la stratégie médicale ou retenir la spécificité du soin et du traitement n'en ont pas été les moindres.

La façon de lire le comportement et la conduite, de fonder l'action thérapeutique qui s'y rattache et de la réaliser a permis de clarifier le partage des rôles du corps médical d'une part et de ceux des professions de santé d'autre part, en particulier celui du psychiatre de l'âge et du psychogérontologue.

Se servir de modèles notionnels et apprendre à s'en écarter pour faire émerger un module de prestations thérapeutiques inédit disposant de son objet et de sa méthode a été, pour la psychiatrie gériatrique, un apprentissage bénéfique. Montrer l'intérêt de qualifier les faits psychiques avant de les quantifier en a été un autre. La diversification des modes d'approche de la pathologie mentale de l'âge a autorisé la découverte de champs d'investigation nouveaux, comme ceux de la *psychogérontologie*, de la *psychogériatrie* et de la *psychiatrie gérontologique*.

La stratégie médicale a bénéficié dans sa mise en œuvre de l'actualisation originale de sa mise en mots. Affection et maladie se sont affrontées pour trouver leur place respective dans le raisonnement médical.

Alors que s'affirmaient de nouvelles catégories soignantes, l'attention portée à quelques aspects des structures de soins architecturales et fonctionnelles en usage a conduit à revoir la gestion de la conduite thérapeutique et à améliorer son ajustement aux besoins les plus pressants des soignés qui en étaient les usagers. La notion d'équipe a été discutée, car, sous la forme sous laquelle elle était envisagée, elle tendait de plus en plus à concourir à la dissolution des responsabilités soignantes.

Les relations à établir entre disciplines qui marquaient soit divers champs de connaissance, soit ceux de leur application thérapeutique, ont fini par être plus correctement définies. De la même manière, dans la distribution des prestations thérapeutiques selon l'âge, la place réservée à la personne âgée a été revue à son profit, car elle y était particulièrement négligée. Les attitudes sociales de rejet et d'exclusion à l'égard de l'ancien, qui avaient réussi à infiltrer la mentalité soignante elle-même dans un jeu de mots inexplicable dans lequel prédominait le défaitisme, ont été dénoncées et bannies.

Les avantages et inconvénients de la valorisation du temps dans l'intérêt partagé des patients atteints d'affections de durée variable, l'assimilation obligée de la durée de l'affection à celle de son traitement et du séjour hospitalier ou institutionnel qui en découlait, ainsi que les *temps* jugés *forts* dans l'offre de soins ont été revus. En effet, ils confortaient souvent plus le *dégagement* de certains types de patients dans des structures qui n'avaient de médicales que le nom qu'à l'*engagement* attendu des soignants vis-à-vis des soignés. Faire accepter l'*égalité des soins* indépendamment de leur durée et de leur poids mettait en évidence la nécessité de considérer comme équivalentes les diversifications de leurs modalités respectives.

La lecture déficitaire des comportements et des conduites qui renforçaient une interrogation sur le droit, pour certains, d'accéder aux ressources thérapeutiques existantes s'est modifiée lorsqu'elle a pu faire l'objet d'une comparaison avec l'apport évident, et le plus souvent complémentaire, d'une lecture capacitaire capable, dans certaines circonstances, de la relayer complétement.

La signification en psychiatrie gériatrique de l'urgence en ses multiples apparences et l'accès de la personne âgée atteinte d'affection mentale aux bienfaits de la psychothérapie ont permis, à titre d'exemples, de suivre les aléas de l'ouverture à l'âgé de processus thérapeutiques spécifiques. Ces derniers ont parallèlement offerts un aperçu de l'*espace organisationnel* et *relationnel* que la psychiatrie gériatrique avait réservé au patient âgé.

Le psychiatre de l'âgé est resté respectueux du contrôle communautaire qui assujettit la psychiatrie gériatrique à une loi sur les affections mentales, même si cette manière d'opérer met en danger une autonomie de la médecine nécessaire à son essor. Cette confrontation permanente de la politique en cours, de la justice, de l'administration et de la psychiatrie gériatrique est à l'origine de concepts dérivés et du vocabulaire qui les légitime. Ces derniers restent indispensables pour œuvrer convenablement dans le champ de la psychiatrie légale.

Tout ceci invitait à analyser les processus éducationnels de la personne et du patient âgé et à prolonger la pédagogie du soigné par celle du soignant. La psychiatrie gériatrique y a gagné là encore quelques termes nouveaux aux limites précises.

B. Dans l'histoire du passé récent, la démarche qui a été suivie ici s'arrête sur les mots comme fait ou événement à identifier et à décrire. Dans cette situation, l'historien n'a plus tout à fait le privilège de décider lui-même de ce qui mérite ou non le qualificatif d'«historique». L'événement impose le vécu qu'il provoque comme histoire dans le même instant où le présent, comme l'indique P. Nora (1974), impose davantage de vécu.

Tous les domaines de la vie humaine sont peuplés d'événements et aucun n'en a le monopole. Mais l'événement en question n'est pas anecdotique. Il n'est ni superficiel ni fugitif. Dans la vision de l'historien, il introduit la contingence. Avec sa particularité, il ne trouve sa vraie dimension que replacé dans son contexte. Il contribue à expliquer comment devient inéluctable ce qui n'avait probablement pas été prévisible. Il est l'issue de mouvements inapparents dont on ne saisit pas sur-le-champ la portée des effets.

Pour J.-F. Soulet (1994), l'événement s'offre à l'historien sous quatre aspects : a) un aspect *factuel*; b) un aspect *systémique ;* c) un aspect *culturel* et *symbolique*; et d) un aspect *sériel*. Si nous nous risquons à illustrer ces derniers aspects dans le domaine de la variation de sens signalée dans le terme de maladie, disons que, réduite aux simples éléments d'opérateur de la stratégie médicale, la maladie a une valeur *factuelle*. Elle peut s'apparenter à la péripétie. Mais lorsqu'on la confronte à la notion d'affection, elle délaisse, par ses conséquences directes, la classe des «péripéties» pour signaler une avancée que l'on peut, dans le progrès conceptuel de la pensée médicale, qualifier d'épistémologique.

De factuelle, la maladie-événement accède à une dimension *systémique* dans l'organisation cognitive dont elle révèle les propriétés fonctionnelles. En effet, elle souligne l'incapacité du langage vernaculaire de libérer ou d'élargir l'espace par lequel l'idée admise se régénère. De plus, elle fait prendre conscience du caractère inefficient ou restreint d'un mode de communication commun par rapport à un mode de communication plus spécifique.

Ainsi nouvellement conçue comme la composante d'une procédure dont l'usage peut conduire à la réussite thérapeutique, la maladie prend une allure *culturelle* et *symbolique*. Elle peut donner lieu, à l'échelle sociale, à des sursauts et des représentations qui découvrent des attentes, des espoirs et des craintes inexprimées autrement. Elle peut provoquer une sorte de retour sur soi dans des circonstances de vie que fréquemment nous ne percevons pas correctement par suite du foisonnement de situations dans lesquelles, volontairement ou non, nous sommes impliqués. C'est alors qu'il convient de repérer dans la conjoncture souvent changeante qui a conduit à distinguer l'affection de la maladie une loi qui la structure. La maladie y devient *sérielle*.

Dans ce défrichage méthodique et pluridimensionnel, l'événement perd alors son caractère singulier et unique pour s'inscrire dans un cadre plus général qui découvre des problèmes souvent moins identifiables sur une durée plus longue. C'est là que l'histoire immédiate y révèle ses possibilités les plus riches.

On décèle toutefois l'inadaptation momentanée de termes qui, sous la forme sous laquelle ils se présentent, s'intègrent difficilement au mode de pensée en marche et ne peuvent être acceptés que provisoirement. Une de ses conséquences en est une stagnation notionnelle qui peut parfois être utile au bon cheminement de la pensée humaine dans un tempo qui en autorise l'épanouissement et l'amplification. Les termes de « santé » et de « profession de santé » en sont l'exemple malgré les efforts fournis jusqu'à présent pour les mieux circonscrire. Mais ces termes ne paraissent même plus assez discriminatifs. Car la première mise en mots est fréquemment précédée par l'introduction de modes de pensée et de conceptualisations moins précisément signalées qui cherchent leur langage en s'affinant et en essayant de s'imposer et de se manifester préalablement dans l'action thérapeutique.

Quoiqu'il en soit, la psychiatrie gériatrique se trouve aux prises dans son développement avec plusieurs types de discours qu'elle doit laisser se côtoyer :

a) celui du malade ;

b) celui du corps médical ;

c) celui des professionnels dits de la santé ;

d) celui des politiciens et administrateurs de la santé, voire des juristes ;

e) et celui de la collectivité à laquelle ils appartiennent tous.

La psychiatrie gériatrique trouve là un moyen de juger des modalités de son action et de son adéquation aux demandes qui lui sont faites. Insistons encore sur le fait que son orientation découle actuellement :

a) d'un changement du sens de l'acte médical pour celui qui vieillit ;

b) de l'abandon d'idées fausses et stéréotypées sur la gérontologie, donc sur l'âgé ;

c) d'une modification de la psychologie de la pratique soignante, objet de cette discipline qu'est la *psychogériatrie*, qui ne se pratique pas pour elle-même, mais détermine les attitudes du soigné et du soignant ;

d) de la mise en fonction psychique et physique de ce qui, chez la personne âgée, peut et doit fonctionner ;

e) et d'une focalisation sur les capacités réelles de l'âgé plus que sur ses incapacités.

En se dégageant non seulement d'un enfermement architectural tant décrié, mais encore d'enfermements plus graves parce qu'idéologiques, procéduraux ou liés à l'organisation fonctionnelle des soins, la psychiatrie gériatrique essaie de montrer que cette charge que pourrait constituer l'âge contribuait, en devenant soin, à une meilleure qualité de vie du soigné et de ses proches, donc du soignant et de leur communauté de vie à tous. Quand la capacité du patient âgé à se gérer et à gérer sa vie est respectée, il est de fait que de nouveaux rapports s'établissent entre le malade, le médecin, les divers professionnels de la santé et la population qui les entoure. Un regard sur ce que l'on en dit et le moyen de le dire au moment où cela se vit et par ceux qui le vivent a aussi valeur d'histoire dans laquelle la psychiatrie gériatrique peut y poser, y trouver et y faire croître ses racines.

Bibliographie

Abraham Georges, Kocher Philippe & Goda Georges, «Psychanalyse et vieillissement». *Psychothérapies* (Genève), 1981, I, 4, 229-235.

Adam Evelyn, *Etre Infirmière*, 3ᵉ éd., Paris : Maloine, 1991.

Ajuriaguerra Julian (de) & Cahen Michèle, «Tonus corporel et relation avec autrui : l'expérience tonique au cours de la relaxation». *Revue Psychosomatique* (Paris), 1960, 2, 89-124.

Ajuriaguerra Julian (de), Rego Alfredo, Richard Jacques & Tissot René, «Psychologie et psychométrie du vieillard». *Confrontations Psychiatriques* (Paris), 1970, 5, 27-37.

Babcock Harriet, «An experiment in the measurement of mental deterioration». *Archives of Psychology*, 1930, 117.

Balier Claude, «Gérontopsychiatrie ou psychogériatrie?». *La Revue de Gériatrie*, 1976, 1, 14-17.

Baltes P.B. & Goulet L.R., «Status and issues of a life-span developmental psychology». In L.R. Goulet & P.B. Baltes (Eds), *Life-span developmental psychology. Research and theory*, New York : Academic Press, 1970, 3-21.

Baltes P.B. & Baltes Margret M., «Psychological perspectives on successful aging : The model of selective optimization with compensation». In P.B. Baltes & M.M. Baltes (Eds), *Successful aging : perspectives from behavioral sciences*, Cambridge : Cambridge University Press, 1991.

Bastide Roger, *Sociologie des maladies mentales*. Paris : Flammarion, 1965.

Beauvoir Simone (de), *Pour une morale de l'ambiguïté*. Collection Idées, Paris : Gallimard, 1947.

Benedict Ruth, *Echantillons de civilisation* (1934). Paris : Gallimard, 1967.

Benoit J.-M. In Apostel Léo et al., *Interdisciplinarité et sciences humaines*, Paris : Unesco, 1983, Vol. I.

Berge André, *Les psychothérapies*. Collection SUP Le psychologue. Paris : Presses Universitaires de France, 1968.

Binet Alfred, *Les idées modernes sur les enfants*. Collection Champs, No 44. Paris : Flammarion, 1973 (1ʳᵉ éd., 1911).

Bocksberger Jean-Philippe, *Aspect psychiatrique de l'asthénie liée à une affection somatique. Signification et valeur pathognomonique du syndrome asthénothymique du vieillard.* Thèse méd. 9426. Genève : Médecine & Hygiène, 1993.

Bonnet Charles, *Contemplation de la nature.* Amsterdam (s.n.), 1764, 2 vol.

Boudet Jacques, *Les mots de l'histoire : dictionnaire historique des événements, mentalités, opinions et paroles mémorables de tous les temps et de tous les pays.* Paris : R. Laffont, 1990.

Bourlière François, *Gérontologie : biologie et clinique.* Paris : Flammarion Médecine-Sciences, 1982.

Bovier Philippe, « Mobilisation thérapeutique de l'entourage du patient âgé en milieu psychiatrique ». *Médecine et Hygiène*, 1979, 37, 3818-3822.

Bruaire Claude, *Une éthique pour la médecine : de la responsabilité médicale à l'obligation morale.* Paris : A. Fayard, 1978.

Buytendijk Frederick Jacobus, *Attitudes et mouvements : étude fonctionnelle du mouvement humain.* Collection Textes et études anthropologiques. Paris, Desclée de Brouwer, 1957.

Canguilhem Georges, *Le normal et le pathologique* (Quadrige). 3e éd. Paris : Presses Universitaires de France, 1991.

Carbonell Charles-Olivier, *L'historiographie.* 5e éd. (Que sais-je ?, 1966). Paris : Presses Universitaires de France, 1995.

Cattell James McKeen, « Mental tests and measurements ». *Mind*, 1890, 15, 373-381.

Chaurand Jacques, *Histoire de la langue française.* 8e éd. (Que sais-je ?, 167). Paris : Presses Universitaires de France, 1996.

Chombart de Lauwe Paul-Henry, *La culture et le pouvoir : transformations sociales et expressions novatrices* (Changements). Paris : l'Harmattan, 1983 (Paris : Stock, 1975).

CIM-10/ICD-10 : *Classification Internationale des Troubles mentaux et des Troubles du Comportement : Descriptions Cliniques et Directives pour le Diagnostic* (Organisation Mondiale de la Santé). Paris : Masson, 1993.

Cloutier François, *La santé mentale.* 3e éd. Mise à jour (Que sais-je ?, 1223). Paris : Presses Universitaires de France, 1997.

Condillac, Etienne Bonnot de, *Le commerce et le gouvernement, considérés relativement l'un à l'autre.* Amsterdam : Jombert & Cellot, 1776.

Cooper David, *Psychiatrie et antipsychiatrie* (Le champ freudien). Paris : Seuil, 1970.

Cuvillier Armand, *Vocabulaire philosophique* (Biblio essais, 4096). Paris : A. Colin, 1956.

Danis Daniela, « Codépendance en miroir : la problématique de l'entourage des personnes dépendantes ». *Der informierte Arzt/Gazette Médicale*, 1998, 19, 766-768.

Deshaies Gabriel, *Psychopathologie générale.* 2e éd. (SUP. Le Psychologue, 6). Paris : Presses Universitaires de France, 1967.

Dictionnaire français de médecine et de biologie : en vingt fascicules. Manuila A., Manuila L. et al. Paris/New York : Masson, 1981-1982.

Dictionnaire de médecine Flammarion. 5e éd., Paris : Flammarion Médecine-Sciences, 1994.

DSM IV : *Manuel diagnostique et statistique des Troubles mentaux.* American Psychiatric Association. 4e éd., trad. française par J.-D. Guelfi. Paris : Masson, 1996.

Dumas Georges, « La psychologie pathologique ». In *Traité de Psychologie*, chap. VI, 1007-1070. Paris : F. Alcan, 1923-1924.

Durkheim Emile, *De la division du travail social.* Paris : F. Alcan, 1893.

Ey Henri, *Défense et illustration de la psychiatrie : la réalité de la maladie mentale.* Paris : Masson, 1978.

Fantini Bernardino, «L'histoire des idées est-elle utile au clinicien? Le cas du concept d'individualité». *Revue médicale de la Suisse Romande*, 1998, 118, 995-1000.

Freidson Eliot, *La profession médicale*. Paris : Payot, 1984.

Galton Francis, «Psychometric experiments». *Brain*, 1879.

Goda Georges, *Les syndromes névrotiques de l'âge avancé*. Thèse d'Habilitation au Privat-Docent de la Faculté de Médecine de Genève, 1980.

Goldstein Kurt, *La structure de l'organisme : introduction à la biologie à partir de la pathologie humaine*. Paris : Gallimard, 1951.

Grand dictionnaire de la psychologie, sous la dir. de Henriette Bloch, Roland Chamana *et al*. Nouv. éd. mise à jour, Paris : Larousse, 1996.

Grotjahn M., «Psychothérapie analytique des gens âgés». In *La psychanalyse*, 1956, vol. 2, 90-104.

Guigou J., *Critères des systèmes de formation*. Paris : Anthropos, 1974.

Gutzwiller Félix & Jeannneret Olivier, *Médecine sociale et préventive, santé publique*. Berne/Gottingen : H. Huber, 1996.

Henderson Virginia & Nite Gladys, *Principles and Practice of Nuusing*. 6ᵉ éd., New York : MacMillan, 1978.

Hoareau J. & Peigne F., «Les urgences psychiatriques». Paris : *Encycl. Méd. Chir.*, 1987, Psychiatrie, 37678 A 10.

Hochmann Jacques, «Le soins psychiatrique : à la recherche d'une spécificité ambiguë». In *Spécificité de la Psychiatrie*, sous la direction de F. Caroli, Paris : Masson, 1980, 139-152.

Houdé R., *Les temps de la vie, le développement psychosocial de l'adulte selon la perspective des cycles de vie*. Québec : G. Morin, 1986.

Imbault-Huart Marie-José, *Vieillesse et vieillissement en Occident*. Médecine de l'Homme, 1982, *140*, 6-18.

Jackson Hughlings, *Selected writings*. London, Hodder and Stoughton : James Taylor, 1931/1932.

Janet Pierre, *Les médications psychologiques*. Paris : F. Alcan, 1919/1921, tomes I, II, III.

Jullian Camille, *Extraits des historiens français du xixᵉ siècle* (Classiques français). Paris : Hachette, 1897.

King Imogène, *Toward a Theory for Nursing*. New York : John Wiley and sons, 1971.

Lagache Daniel, *L'unité de la psychologie : psychologie expérimentale et psychologie clinique*. 8ᵉ éd., Paris : Presses Universitaires de France, 1949.

Lalande André, *Vocabulaire technique et critique de la philosophie*. 6ᵉ éd. revue et augmentée, Paris : Presses Universitaires de France, 1960.

Lanteri-Laura G. & Bouttier J.G., «Psychologie pathologique». Paris : *Encycl. Méd. Chir.*, 1983, Psychiatrie, (1) 37032 C 10.

Lefranc Jean, *La philosophie en France au xixᵉ siècle* (Que sais-je?, 3331). Paris : Presses Universitaires de France, 1998.

Leger J.-M., Clement J.-P. & Wertheimer J., *Psychiatrie du sujet âgé* (Psychiatrie). Paris : Flammarion, Médecine-Sciences, 1999.

Leroy C., «Le concept de santé mentale». Paris : *Encycl. Méd. Chir.*, 1984, Psychiatrie, 37.960 A 10, 2.

Le Senne René, *Traité de Morale Générale*. 5ᵉ éd. mise à jour, Paris : Presses Universitaires de France, 1967 (1ʳᵉ éd., 1943).

Leulliot Paul, «Défense et illustration de l'histoire locale». *Annales ESC*, 1967, 154-177.

Longeot François, *Psychologie différentielle et théorie opératoire de l'intelligence*, Paris : Dunod, 1969.

Maisonneuve Jean, *Introduction à la psychosociologie*. 7ᵉ éd. mise à jour (*Le Psychologue*, 56), Paris : Presses Universitaires de France, 1993.

Marks J. & Moynihan N., «Holisme et médecines douces». *Hexagone Roche* (Bâle), 1988, 1, 23-32.

Memmi Albert, *La dépendance : esquisse pour un portrait du dépendant*. Paris : Gallimard, 1988.

Merton Robert King, *Eléments de théorie et de méthode sociologique* (U. Sociologie). Paris : A. Colin, 1997 (Paris : Plon, 1945).

Moreau Marcel, *La vie de Jéju (Un endroit où aller)*. Arles : Actes Sud, H. Nyssen, 1998.

Morin Edgar, *Introduction à la pensée complexe (Communication et complexité)*. Paris, ESF éd., 1990.

Muller Christian & Wertheimer Jean, *Psychogériatrie*. Paris, Masson, 1981.

Munsterberg, *Zeitschrift für Pathologie* (1911). 1er vol.

Nightingale Florence, *Notes on nursing : what it is, and what it is not*. London : Harrison, 1859.

Nora Pierre, *Faire de l'histoire*. Vol. 1 : Nouveaux problèmes : le retour de l'événement. Paris : Gallimard, 1974.

Paillat Paul, *Vieillissement et vieillesse*. 4e éd. corrigée (Que sais-je ?, 1046). Paris : Presses Universitaires de France, 1996.

Pequignot Henri, *Vieillesse de demain. Vieillir et être vieux*. Paris : Libr. Philosophique J. Vrin, 1986.

Pequignot Henri & Rosch Georges, *Notre vieillesse*. Paris : A. Fayard, 1960.

Philibert Michel, «Les idées fausses en gérontologie : la gérontologie et son péché originel». *Revue de l'Université de Moncton*, 1981, 119-147.

Piaget Jean, *L'épistémologie génétique*. 5e éd. (Que sais-je ?, 1399). Paris : Presses Universitaires de France, 1996 (1re éd., 1970).

Picot Antoinette, «Le corps, lieu de l'affect». *Entretiens cliniques du Mardi*, Département de Psychiatrie, Genève, 1970.

Porot Antoine, *Manuel Alphabétique de Psychiatrie clinique, thérapeutique et médico-légale*. Paris : Presses Universitaires de France, 1952.

Quenard O., «Interventions psychothérapiques et urgence». In *Psychothérapies médicales* (sous la direction de J. Guyotat). Paris : Masson, 1978, tome II, 69-89.

Ribot Théodule, *Les maladies de la mémoire*. Paris : Germer Baillières, 1881.

Richard Jacques, «Identité professionnelle et notion d'équipe en Psychiatrie Gériatrique : de la pluri- à la supradisciplinarité». *Médecine et Hygiène*, 1994, 52 : 1607-1610.

Richard Jacques & Bovier Philippe, *La psychiatrie gériatrique* (Que sais-je ?, 3217). Paris : Presses Universitaires de France, 1997.

Richard Jacques & Dirkx Erlinde, *Psychogérontologie* (Médecine et Psychothérapie). Paris : Masson, 1996.

Richard Jacques & Droz Pierre, «Objet et spécificité de la psychiarie gériatrique et de la psychogériatie». *Rev. Méd. Suisse Romande*, 1983, 103, 247-251.

Riegel K.F., «The dialectics of human development». *American Psychologist*, 1976, 31, 689-700.

Robert Ladislas, *Le vieillissement, faits et théories* (Dominos, 59). Paris : Flammarion, 1995.

Rougemont Denis (de), *Inédits : extraits de cours choisis et présentés par J. Mantzouranis et F. Saint-Ouen. L'évolution du monde et des idées*. Neuchâtel : Ed. de la Baconnière, 1988.

Rycroft Charles, *Imagination and reality : psycho-analytical essays 1951-1961* (The International psycho-analytical library : 75). London : Hogarth Press, 1968.

Smith-Churchland Patricia, *Neurophilosophy. Toward a Unified Science of the Mind Brain*. MIT, 1986.

Soulet Jean-François, *L'histoire immédiate* (Que sais-je?, 2841). Paris : Presses Universitaires de France, 1994.

Sournia Jean-Charles, *Mythologies de la Médecine Moderne : essai sur le corps et la raison* (Galien. Histoire et philosophie de la biologie et de la médecine). Paris : Presses Universitaires de France, 1969.

Szasz Thomas S., *Le mythe de la maladie mentale*. Paris : Payot, 1975.

Tchobroutsky Georges & Wong Olivier, *La santé* (Que sais-je?, 2960). Paris : Presses Universitaires de France, 1995.

Thevenet Amédée, *Le quatrième âge* (Que sais-je?, 2454). 2ᵉ éd., Paris : Presses Universitaires de France, 1992 (1ʳᵉ éd., 1989).

Thorndike Edward I., *Human Nature and Social Order*. New York : Macmillan, 1940.

Thuillier Jean, *La folie : histoire et dictionnaire* (Bouquins). Paris : R. Laffont, 1996.

Trémolières Jean, *Partager le pain*. Paris : R. Laffont, 1975.

Trillat Etienne, *Histoire de l'hystérie* (Médecine et Histoire). Paris : Seghers, 1986.

Vandenplas-Holper Christiane, *Le développement psychologique à l'âge adulte et pendant la vieillesse : maturité et sagesse* (Pédagogie d'aujourd'hui). Paris : Presses Universitaires de France, 1998.

Wechsler David, *Manual for the Wechsler Adult Intelligence Scale*. New York : The Psychological Corporation, 1955.

Wertheimer Jean, «Psychogériatrie aujourd'hui». *Hospitalis*/100-Jahr-Jubilaüm Psychiatrische Universität-Klinik Basel 1886-1986. 1986, N° spécial, 8, 25-29.

Zay Nicolas, *Dictionnaire-manuel de Gérontologie Sociale*. Québec : Presses de l'Université Laval, 1981.

Zobel Michael, *Problèmes spécifiques de classification en psychiatrie gériatrique : deutsche Ubersetzung und Kommentar*. Genève : Université de Genève, Ecole de traduction et d'interprétation, 1998. Mémoire présenté à l'Ecole de traduction et d'interprétation en vue de l'obtention du diplôme de traducteur.

Index des auteurs

ABRAHAM G., 143
ABRAHAM K., 143
ADAM E., 102
AJURIAGUERRA J. (de), 62, 68, 84, 103, 144, 161
ALEXANDER G., 104
ALZHEIMER A., 123-128

BABCOCK H., 125
BAILLARGER J.G.F., 38
BALIER C., 73, 143
BALINT M., 143
BALTES M.M., 36
BALTES P.B., 32, 36
BASTIDE R., 44
BEAUVOIR S. (de), 83
BENEDICT R., 43
BENOIT J.-M., 114
BERGE A., 143
BERNARD C., 53, 58
BIBRING G., 143
BINET A., 59, 125
BOCKSBERGER J.-Ph., 68
BONNET C., 61
BOUDET J., 30, 31
BOURLIERE F., 37
BOUTTIER J.G., 54
BOVIER P., 67, 142
BRISSAUD E., 111
BROCA P., 64
BROUSSAIS F.V., 44
BRUAIRE C., 153
BUYTENDIJK F.J.J., 92

CAHEN M., 144

CAMERON N., 143
CANGUILHEM G., 45,
CARBONELL C.-O., 7
CAROLI F., 133
CATTELL J. McK., 125
CHARCOT J.-M., 90
CHAURAND J., 12
CHOMBART de LAUWE H.P., 48, 49
CIOMPI L., 68
CLERC P., 37
CLOUTIER F., 47
CONDILLAC E. BONNOT (de), 15
COINDET J.-C., 27
COOPER D., 44
CREUTZFELD H., 123
CUVILLIER A., 54

DANIS D., 80
DARWIN C., 61
DAUMEZON G., 83
DEBOUT M., 133
DESHAIES G., 12, 75
DIRKX E., 33
DUMAS G., 53
DURKHEIM E., 34

ELIS B., 133
ELLIS H., 95
EY H., 132

FANTINI B., 16
FERE Ch., 95
FERENCZI S., 143
FREIDSON E., 101, 153

FREUD S., 45, 143

GALTON F., 61, 125
GILFORD, 38, 42
GODA G., 143
GOLDFARB A.I., 143
GOLDSTEIN K., 45, 58
GOULET L.R., 32
GRIVOIS H., 133
GROTJAHN M., 143, 144
GUIGOU J., 30
GUTZWILLER F., 47

HENDERSON V., 102
HIPPOCRATE, 70
HOAREAU J., 133, 134
HOCHMANN J., 82, 83
HOUDE R., 30
HUET J., 30

IMBAULT-HUARD M.-J., 39

JACKSON H., 45
JACABSON E., 103
JAKOB A., 123
JANET P., 138
JAQUES-DALCROZE E., 104
JEANNERET O., 47
JULLIAN C., 18

KING I.M., 102, 103
KRAFT-EBING R. (von), 95

LAGACHE D., 75
LALANDE A., 33, 53
LANTERI-LAURA G., 54
LEFRANC J., 15
LEGER J.-M., 73
LEROY C., 48
LE SENNE M., 34
LEULLIOT P., 18
LONGEOT F., 61
LUTHE W., 103

MAISONNEUVE J., 35
MANUILA A., 78, 81
MARKS J., 70
MEMMI A., 79
MERLOO J.M., 143
MERTON R.K., 34
MINKOWSKI E., 53
MOREAU M., 5
MORIN E., 114
MOYNIHAN N., 70

MULLER C., 68, 144
MUNSTERBERG, 54

NIGHTINDALE F., 106
NORA P., 164

PAILLAT P., 32, 36, 37, 72
PASCALIS G., 133
PAUMELLE Ph., 137
PEQUIGNOT H., 5, 32, 45
PHILIBERT M., 24
PIAGET J., 17, 45, 48, 62, 126
PICOT A., 145
POROT A., 36

QUENARD O., 133

RIBOT T., 53, 128
RICHARD J., 67, 72, 105
RIEGEL K.F., 36
ROBERT L., 38
ROUGEMONT J. (de), 15, 18
ROYER-COLLARD A.A., 27
RYCROFT C., 45

SCHILDER P., 43
SCHULTZ J.H., 103
SMITH-CHURCHLAND P., 65
SMUTS J.C., 70
SOULET J.-F., 12, 165
SOURNIA J.-C., 8, 58
SPECHT, 54
STERN W., 62, 125
SUTTER J., 48, 49
SZASZ T.S., 44

TCHOBROUTSKY G., 25
THEVENET A., 30-32
THORNDIKE E.I., 102
THUILLIER J., 53
TISSOT R., 62, 68
TREMOLIERES J., 16
TRILLAT E., 90

WAYNE G.W., 143
WECHSLER D., 62, 125
WERNER, 38, 42
WERTHEIMER J., 67-69
WONG O., 25

ZAY N., 36, 42
ZOBEL M., 26

Index terminologique

aboutissement, 32, 33
abréaction autogène de W.Luthe, 103
abstention thérapeutique, 77
accomodation, 45, 126
acharnement thérapeutique, 81, 135
acquis, 61, 64, 84, 91, 99, 104, 122, 138, 162
acte, 33, 58, 61, 74, 78, 81, 82, 103, 138, 152
   médical, 131, 149, 166
   psychothérapeutique, 8, 139, 140, 147, 148
   thérapeutique, 80, 81, 90, 91
action, 7, 14, 35, 46, 50, 65, 71, 75, 80, 87, 98, 103, 105, 110, 112, 115, 116, 132, 134, 135, 137, 140, 141, *144-147*, 151, 152, 161, 166
   champ d', 53, 67, 72, 103
   de soins, 102, 105
   du temps, 32, 37
   médicale, 74, 80, 90
   psychothérapeutique, 8, 139, 140, 147, 148
   stratégie d', 42, 136, 137
   thérapeutique, 18, 65, 81, 83, 90, 123, 136, 147, 159, 162, 166
   sens de l', 19
activisme, 82, 152
activité, 7, 26, 27, 36, 54, 59, 61, 103, 111, 126, 144, 149
   médicale, 70, 74, 75, 89, 91, 101, 140, 149, 153, 154
   psychique, 54, 58, 61
   scientifique, 16
   soignante, 61, 73, 74, 117, 151
adaptabilité, 84
adaptation, 35, 45, 50, 51, 61, 62, 65, 72, 75, 78, 80, 83, 84, 87, *90-92*, 99, 103, 121, 128, 132, 138, 143, 162

administration, 8, 22, 26, 27, 34, 50, 70, 81, 104, 106, 110, 119, 124, 135, 149, 150, 151, 157, 164, 166
adolescence, 30, 36
adultat, 30
adultescence, 36
adultité, 30
adulto-juvéno-morphisme, 57, 59, 82, 131
affection, 13, 24, 25, 29, 31, *41-44*, 46, 47, 55, 59, 63, 64, *67-69*, 73, 74, *77-81*, 87, 88, 90, 91, *97-99*, 103, 104, 112, 113, 117, 122, 125, *127-129*, 132, 135, 138, 139, 145, 149, *150-152*, 154, 158, *163-165*
affectivité, 48, 49, 110, 111, *144-147*, 153, 155, 158, 159
afférentation, 104, 158
âge mental, 125
agrypnie, 89
alzheimer maladie d', 63, 123, *125-129*
analyse, 15, 16, 18, 55, 62, 64, 68, 76, 90, 104, 123, 125, 146, 155, 164
andragogie, 155
annales, 16
anomal, 43
animisme, 58
anomalie, 43, 121
anomie, 34
anormal, 24, 42, 43
antinoétisme, 61
antipsychiatrie, 44
angoisse, 111, 156
anxiété, 111
apragmatique, 136
aptitude, 26, 49, 78, 101, 144
assimilation, 14, 24, 34, 42, 43, 45, 126, 132, 163
assistance, 79, 83, 84, 117

assuétude, 80
attitude, 54, 59, 60, 74, *76-79*, 82, 92, 98, 103, 104, 111, 117, 131, 133, 141, 143, 146, 148, 151, 152, 160, 163, 166
autogestion, 50, 79, 84, 101
autonomie, 79, 102, 107, 121, 153, 164

bien-être, 43, *46-48*, 78, 79
biomorphisme, 57, 63,

capacité, 26, 31, 36, 38, 45, 47, 50, 51, 61, 75, 79, 90, 92, 104, 124, *126-128*, 140, 142, 143, 147, 153, 155, 166, 167
causalité, 32, 58, 59, 87, 88, 90, 115, 128, 160
centralisation, 151
centre de jour, 150
changement, 7, 11, 18, 19, 25, *31-33, 36-38*, 75, 76, 80, 84, 111, 114, 126, 133, 134, 144, 146, 156, 162, 166
chronicité, 84, 101, 118
chronique, 11, 16, 161
codépendance, 80
cognitif, 45, 65, 155, 159
cognition, 145, 147
communication, 13, 17, 24, 103, 104, 110, 142, 144, 160, 162, 165
compensation, 36, 79, 126
compétence, 27, 54, 70, 99, 106, 125, 152, 153, 157, 159
complexification, 114
complexité, 31, 90, 114, 162
comportement, 41, 43, 55, *60-65*, 68, 71, 73, 76, 80, 82, 88, 90, 92, 93, 96, 97, 99, 103, 107, 118, *121-126*, 131, 132, *135-137*, 140, 141, 146, 151, *156-158*, 162, 164
conatif, 144, 158
conditionnement, 140
conduite, 8, 23, 24, 34, 35, 41, 43, 46, 47, *59-63*, 65, 68, 80, 83, 84, 88, 90, 91, 93, 104, 106, 107, 109, 112, 113, 115, 118, 121, 123, 126, *131-137*, 140, 159, *162-164*
conscience, 145, 146
 corporelle, 111
constitutionnel, 122
créativité, 50, 110, 141
crise, 35, 83, 106, 133, 134
croissance, 33, 34, 103, 146
curabilité, 122

dangerosité, 44, 151, 152
danse thérapie, 104
décentralisation, 151
décision, 27, 35, 112, 131, 133, 136, 152, 153
déclin, 24, *30-32*, 34, 38, 114

décompensation, 133, 151
déficit, 79, 97, 114, 121, 122, 124, 126, 128, 129, 151, 164
dégagement, 80, 84, 118, 163
délinquance, 151, 152
demande, 60, 80, 83, 89, 90, 111, 113, 132, 147, 152, 166
démence, 38, 44, 124, 125, 127, 129, 152
dépendance, 31, 50, 73, 79, 80, 101, 118, 153
déplacement, 137
dépression, 24, 63, 125, 137, 142
dépsychiatrisation, 85, 96, 98, 99
dérégulation, 35
déresponsabilisation, 80
désemboîtement, 8, 101, 106
déséquilibre, 35, 134
désinstitutionalisation, 99
désordre, 34, 114, 152
déspécification, 115
détérioration, 31, 32, 121, 124, 125, 152
 quotient de, 125
détresse, 133, 156
développement, 15, 17, 18, *33-36*, 43, 48, 63, 65, 76, 103, 110, 113, 143, 149, 160, 161, 166
déviance, 43
diachronie, 64, 89, 93
diagnostic, 54, 59, 80, 81, 91, 111, 118, 122, 123, 162
dialogue, 112
 tonique, 154
dictionnaire, 17, 48, 49, 78, 81, 162
discours, 16, 17, 22, 46, 55, 110, 153, 154, 166
distance, 29, 49, 76, 83, 133, 134, 138
dysfonctionnement, 31, 64, 146
dysharmonie, 34

échange, 49, 75, 79, 112, 145, 160, 162
échelle, 62, 165
emboîtement, 71, 106
emprise, 75
enfance, 30, 36
enfermement, 166
engagement, 84, 138, 154, 163
épistémique, 59
épistémologie, 17, 62, 89, 142
équilibration, 126
équilibre, 12, 18, 35, 45, 46, 49, 63, 70, 78, 82, 134, 141, 142, 156
équipe, 105, 106, 109, 115, 163
ergothérapeute, 81, 103, 157
ergothérapie, 82, 150
espace, 63, 111, 127, 134, 139, 140, 145, 146, 148, 150, 164, 165
établissement, 119, 140

état, 13, 25, 29, 30, 34, 38, *42-49*, 53, 54, 60, 63, 65, 67, 69, 75, 77, 78, 97, 110, 111, 113, 117, 134, 137, 145, 147, 152, 153, 158, 162
éthique, 128, 139, 153
euthanasie, 81, 135, 154
eutonie, 104
événement, 7, 11, 16, 19, 41, 49, 58, 133, 134, 138, 147, 161, 164, 165
évolution, 7, 11, 13, 16, 18, 32, 33, 36, 42, 47, 60, 70, 76, 78, 84, 106, 114, 122, 126, 127, 129, 142, 146, 147, 161
exclusion, 143, 151, 163

finalisation, 112
finalisme, 35, 58, 143
finalité, 99, 135
finitude, 24, 42
fonction, 29, 32, 36, 38, 45, *61-64*, 69, *72-74*, 88, 123, 137, 140, 149, 150, 157, 162
fonctionnement, 8, 27, 31, 36, 41, 44, 45, 49, 53, 55, 61, 65, 70, 72, *74-76*, 78, 81, 82, 84, 88, 89, 96, 99, *100-102*, *104-107*, 109, 112, 114, 115, 119, 126, 128, 136, 138, 141, 142, 146, 147, *157-159*, 163, 165, 166
formation, 23, 71, 89, 97, 101, 103, 104, 115, 133, *155-160*
foyer de jour, 150
frustration, 134

genèse, 33
généralisation, 8, 24, 63, 71, 73, 88, 98, 114, 126, 145
géragogie, 8, 155, 158
gérescence, 37
gériatrie, 25, 26, *67-72*, *97-99*, 157, 158
gériatrisation, 85, 97
gérité, 41, 42
gérontagogie, 155
gérontie, 22, 69
gérontologie, 22, 33, 35, 69, 113, 114, 136, 157, 166
  clinique, 69, 74
  médicale, 22, 55
  sociale, 36, 37
gérontophilie, 95
gérontophobie, 95
gérontopsychiatrie, 67, 72, 73
géropsychiatrie, 67
geste, 79, 103, 131, 138, 146, 153
gestion, 8, 11, 21, 26, 34, 121, 128, 132, 152, 163
gestionnaire, 21, 27, 84, 99, 110, 118, 119, 151
globalisation, 62, 64, 70, 71, 89, 105, 119, 151, 152

glossaire, 17, 26, 162
grabataire, 151
guérison, *77-79*, 84, 87, 88, 118, 162

handicap, 30, 31, 43, 47, 69, 79, 97, 155, 156
harmonie, 34, 114
histoire, *7-9*, 11, 12, 15, 16, 18, 21, 28, 34, 35, 40, 59, 69, 84, 90, 96, 106, 115, 121, 129, 131, 133, 143, 150, 158, 161, 162, 164, 165, 167
holisme, 70, 71
homogénéité, 69, 122, 150
hôpital, 27, 96, 119, 136, 141, 149, 152
hygiène, 74, 82, 117, 137
hypercomplexité, 114
hypermaturité, 34

identification, 8, 17, 24, 31, 37, 53, 56, 67, 69, *72-74*, 80, 81, 83, 92, 102, 105, 106, 114, 147, 164, 165
identité, 33, 57, 70, 72, 75, 98, 99, 103, 106, 109, 110, 114, 115, 132, 141
idiographique, 92
immaturité, 29
inadaptation, 31, 165
inaptitude, 75, 124
incapacité, 32, 38, 127, 128, 151, 166
inconscient, 142
incurabilité, 122
indépendance, 50, 141
infantomorphisme, 57, 62, 82
infirmier(ère), 70, 81, 102, 103, 105, 106, 109, 113, 115, 151, 157
infirmité, 31, 46, 70, 78
inhomogénéité, 122, 123
insécurité, 111
institution, 140, 157
  d'urgence, 133, 134
institutionalisation, 49, 99, 133, 134
insuffisance, 38, 124, 127, 143
interdiction, 151
intégration, 50, 71, 73, 104, 145, 147
intelligence, 61
interdisciplinarité, 25, 92, 106, 109, 112
interrelation, 70, 92, 110
interrelationnisme, 71
intolérance, 137
intradisciplinarité, 92, 106, 109, 113
invalidité, 151
inversion, 63
involution, 32, 45, 63
irréversibilité, 38, 122

jeunesse, 30, 34
journal, 16
justice, 151, 164
juvénilisation, 85, 97

langage, 12, 13, *15-17*, 21, 22, 24, 30, 54, 55, 83, 102, 104, 127, 149, 154, 156, 161, 162, 165, 166
lésion, 31, 41, 61, *63-65*, 89, *126-128*
lexique, 17, 104, 162
lieu, 8, 71, 85, 97, 111, 114, 118, 132, 138, 141, 145, 147, 150-152
logopédiste, 81, 104, 115, 157
loi, 29, 53, 54, 92, 112, 113, 151, 152, 164, 165
longévité, 31, 42, 97, 150

mal, 41, 71, 84, 88, 97
maladie, 24, 26, 38, 41, 42, *44-47*, 55, 63, 67, 71, 78, 79, 81, *87-92*, 111, 112, *122-129*, 132, 163, 165
manque, 117, 121, 124, 127, 140, 142
maturescence, 36, 37
maturité, 30, 34, 37
mécanicisme, 35
mécanisme, 38, *61-63*, 87, 110, 112, 126
médecine, 2, 13, 23, 25, 27, 39, 48, 49, 55, 57, 58, 60, 64, 67, 69, 71, 72, *77-79*, 81, 82, 87, *89-91*, 95, 96, 98, 99, 101, 111, 121, 122, 128, 129, *131-135*, 141, 148, 152, 154, 158, 162, 164
médicalisation, 76, 86, 133
mémoire, 16, 137
mentalisation, 142
modèle, 8, 44, 57, *59-62*, 64, 65, 71, 72, 82, 90, 112, 135, 146, 147, 163
mot, 6, 8, 12, 13, *16-19*, 22, *24-26*, 30, 33, 38, 58, 70, 76, 104, 124, 127, *162-164*, 166
mouvement, 34, 71, 75, 95, 97, 99, 103, 104, 111, 112, 136, 146, 162, 165
multidisciplinarité, 92, 106, 109, 110
multiplicité, 88, 112, 114, 134
musicothérapie, 104

neurophilosophie, 65
neuropsychologie, 64, 65, 126, 127, 158
nom, 17, 22, 105, 119, 122, 155, 162, 163
nomenclature, 17, 162
nomothétique, 92
normal, 24, *36-38*, *41-46*, 53, 54, 60, 104, 156
normalité, *43-45*, 48
normativité, 45, 132
norme, 31, 38, 46, 61, 157
normomorphisme, 60, 62, 82
nosologie, 55, 67, 85, 111, 136
nosographie, 131, 134, 137, 143, 156

objectivité, 89, 153, 161
ontogenèse, 35, 126
optimalisation, 49
optimisation sélective, 36

ordre, *16-18*, 114, 123, 134, 151
organogenèse, 63
origine, 14, 16, 24, 33, 34, 41, 59, 61, 64, 65, 71, 73, 89, 90, 123, 127, 128, 132, 145, 151, 155, 164
orthogéragogie, 156, 158
orthopédagogie, 155
orthopsychogéragogie, 155, 158, 160

participation, 50, 79, 80, 84, 104, 112, 145, 154
pathologique, 8, 24, 36, *41-45*, *53-55*, 60, 62, 65, 71, 76, 78, 103, 121, 131, 133, 152, 156, 158
pathopsychologie, *53-55*, 158
pédagogie, 8, 115, 155, 156, 164
penchants, 35
   démiurge, 35
   maïeutique, 35
   orthopédique, 35
performance, 61, 125, 126, 152
phase, 29, 30, 33, 49, 60, 73, 133, 146
phylogenèse, 35
physiatrie, 72, 99, 157
physiologie, 45
physiothérapeute, 81, 103, 157
placement, 84
plasticité, 36, 127
pluridisciplinarité, 92, 106, 109, 110
politique, 8, 26, 27, 39, 50, 80, 81, 110, 124, 149, 154, 157, 164, 166
polypathologie, 8, 53, 55
position, 60, 70
posture, 103, 146
pourvoyance, 79, 80, 84
pragmatique, 59, 135, 156
présence, 24, 40, 44, 46, 47, 59, 61, 64, 82, 95, 104, 136, 138, 142, 145
prise
   de conscience, 111, 145, 146
   en charge, 84
   en décharge de soins, 84, 127
   en soins, 60, 64, 84, 95, 104, 119
procédure, 35, 42, 44, 54, 87, 88, 92, 93, 101, 111, 121, 132, 133, 137, 141, 143, 147, 165
processus, *29-35*, 37, 38, 41, 45, 64, 76, 78, 83, 92, 102, 103, 109, 126, 133, 138, 140, 142, 143, 146, 155, 159, 160, 164
profession
   de santé, 8, 46, 47, 50, 70, 74, 78, 79, 81, 92, 94, 95, 102, *105-107*, 110, 112, 113, 121, 124, 133, 149, 155, 157, 159, 160, 162, 166, 167
   médicale, 92, 101
   paramédicale, 92, 101
progeria, 38, 42

programme, 35, 38, 69, 77, 91, 92, 113, 121, 157, 159
progrès, 9, 12, 26, 33, 46, 110, 114, 128, 135, 149, 162, 165
proversion, 54
psyché, 37, 41, 47
psychiatrie, 14, 25, 27, 31, 53, 55, *57-59*, 64, 68, 69, 75, 82, 87, 88, 90, 92, 93, *96-98*, 105, 106, 114, 119, 125, 129, 132, 133, 136, 156, 157
communautaire, 159
gériatrique, *7-9*, *11-13*, 15, 16, 18, *20-26*, 29, 30, 35, 38, 41, 45, *55-57*, *59-65*, *67-69*, *71-74*, *76-78*, *81-84*, 87, *90-93*, 95, 96, 98, 99, 101, 102, 105, *113-115*, 117, 121, 129, 131, 132, *134-140*, 143, 146, 147, 149, *151-155*, 157, *159-164*, 166, 168
gérontologique, 65, 71, 72, 76, 96, 114, 159, 163
infanto-juvénile, 1, 55, 82, 98, 100, 131, 151
légale, 159, 164
psychiatrisation, 85, 96, 99, 100, 131, 136, 138
psychogenèse, 63, 64
psychogéragogie, 155, 156, 158, 160
psychogériatrie, 26, 70, *72-74*, 159, 163, 166
psychogérontologie, 26, 45, 72, *74-76*, 104, 119, 158, 159, 163
psychologie, 13, 22, 45, 48, 53, 54, 64, 73, 113, 158, 166
clinique, 75, 76
cognitive, 158
de l'âgé, 75
de l'âge avancé, 75, 143
différentielle, 62
expérimentale, 66, 158
génétique, 62, 64, 126, 158
médicale, 54, 71, 74, 158, 159
pathologique, 8, 53, 55, 158
psychologue, 22, 24, *53-55*, 61, 76, 81, 104, 157, 158
psychogérontologue, 55, 104
psychométrie, 61
psychomorphisme, 57, 63
psychoneurologie, 65, 127, 158
psychopathologie, 8, *53-55*, 148, 158
psychothérapie, *140-145*, 156, 158, 159
à médiation corporelle, 144, 146, 159
cognitive, 105, 146, 159
de groupe, 142
de l'âgé, 142, 143, 157
de soutien, 140, 144
d'inspiration analytique, 146, 159
familiale, 146, 159
individuelle, 143, 144

institutionnelle, 140, 141, 159
systémique, 146, 159
puérité, 30

qualification, 64, 124
qualitatif, 29, 34, 38, 41, 102, 122, 164
qualité, 23, 33, 65, 71, 73, 75, 85, 88, 104, 106, 107, 110, 118, 119, 127, 138, 142, 147, 154, 158, 162
de vie, 77, 135, 166
quantitatif, 125
quantification, 64, 125
quatrième âge, 30
quotient intellectuel, 125

rajeunissement, 36
réciprocité, 79, 82
réduction, 17, 71, 82, 90, 114
réductionnisme, 62, 152
regrès, 33
régression, 45, 63
régulation, 35, 60, 114
rejet, 16, 17, 30, 80, 97, 118, 151, 163
relation, 21, 38, 39, 44, 46, 49, *58-61*, 63, 64, 71, 73, 74, 78, *80-83*, 90, 91, 105, 109, *111-114*, 127, 132, 133, 136, 140, 142, 144, 145, 148, *156-158*, 161, 163, 164
relaxation, 103, 111, 144 145
de J. de Ajuriaguerra, 144, 145
de E. Jacobson, 103
de W. Lüthe, 103
de J.H. Schutlz, 103
représentation, 32, 45, 75, 78, 85, 147, 149, 155, 165
respiration, 115
responsabilisation, 79, 80, 105
responsabilité, 99, 112, 113, 115, 141, *151-154*, 157, 163
rétrogenèse, 35, 126
rétroversion, 54
réversibilité, 122
rythme, 16, 33, 111, 119, 127
rythmique de E. Jaques-Dalcroze, 104

sagesse, 115
santé, 8, 22, 25, 31, 37, 41, 44, 46, 47, 50, 70, 71, 74, 78, 79, 81, 92, 93, 101, *105-107*, 110, 112, 113, 118, 121, 124, 133, 149, 155, 157, 159, 160, 163, 166, 167
holistique, 70
mentale, 46-51
publique, 26, 46, 50, 70, 110, 118, 124, 149, 157
séméiologie, 62, 65, *88-92*, 122, 123
sécurité, 151
ségrégation, 80, 97
sénescence, 36, 37

sénilisme, 38
sénilité, 41, 42
signe, 15, 59, 78, 81, *88-90*, 92, 124
simplicité, 114, 134
simplification, 64, 114
singularité, 31, 73, 114
social, 25, 32, 36, 37, 39, 43, *46-48*, 52, 69, 72, 79, 98, 99, 104, 120, 133, 138, 142, 150, 155, 158, 159, 163, 165
sociologue, 118
sociothérapeute, 81, 104, 157
sociothérapie, 82, 150
soignant, 8, 16, 17, 24, 25, 53, 59, 60, 61, 70, 71, 74, 79, 80, *82-85*, 96, 102, *104-107*, 109, 110, 124, 129, 139, *140-142*, *144-148*, 151, 152, 154, 160, 163, 164, 166
soigné, 16, 25, 60, 71, 74, *78-80*, 83, 85, 102, 107, 118, 119, 124, 139, 140, 142, 151, 154, 163, 164, 166
soin, 2, *25-27*, 29, 32, 34, 38, 47, 59, 60, 64, 70, 71, 73, 74, *77-85*, *91-93*, *95-97*, 99, *101-107*, 109, 110, 113, 115, *117-119*, 122, 127, 132, *134-136*, *139-142*, 147, *149-153*, 157, 159, 160, 162, 163, 166
solidarité, 12, 34, 113, 154
soma, 37, 41, 47
somatognosie, 145
somatomorphisme, 57, 59, 62, 82, 131
souffrance, 41, 89, 111, 115, 144, 156
souvenir, 11, 16, 161
spécification, 35, 47, 63, 68, 101, 115, 159
spécificité, 17, 23, 27, 29, *46-48*, 50, 54, 55, 57, *70-72*, 76, *82-84*, 88, 95, *97-99*, *104-106*, 110, 111, 113, 128, 131, 136, 140, 141, 143, 146, *148-151*, 157, 159, 162, 164, 165
stress, 103
stratégie, 8, 42, 87, 88, 93, 129, 136, 137, 162, 163, 165
structure, 8, 17, 26, 27, 29, 33, 61, 65, 71, 73, 81, 84, *96-98*, 101, 106, 107, 112, 114, 115, 119, 122, 123, 126, 127, 132, 133, 142, *146-150*, 159, 163, 165
subjectivité, 8, 89, 50
sujétion, 79, 80
supradisciplinarité, 92, 106, 109, 115
sur-responsabilisation, 80
symptôme, 44, 59, 64, *88-90*, 92, 93, 134, 143, 147
synchronie, 61, 89, 93

tâche, 58, 60, 90, 105, 110, 115, 141, 153, 156, 157

témoignage, 11, 16
tempo, 7, 11, 166
temps, 7, 8, 11, 12, 15, 30, 32, 34, 35, 37, 39, 46, 50, 63, *75-78*, 81, 89, 103, 111, *117-119*, 127, 129, 134, 138, 141, 146, 152, 159, 163
terme, 13, 17, 22, 24, 26, 33, 34, 36, 37, 42, 45, 46, 48, 61, 63, *72-75*, 99, 110, 118, 121, 124, 127, *133-135*, 141, 152, 153, 155, 162 , *164-166*
terminologie, 12, 13, *17-19*, 29, 54, 132, 161, 162
test, 61, 76, 125
théorie, 8, 16, 70, 91, 102, 103, 114, 128, 132, 158
thérapie
  cognitivo-comportementale, 140
  comportementale, 140
  institutionnelle, 27, 84, 120, 151
  psychomotrice, 145, 146
thérapeute de la psychomotricité, 103, 110, 111
tiers temps, 30
training autogène, de J.H. Schultz, 103
traitement, 23, 26, 32, 47, 69, 74, 77, 80, 81, 88, 103, *109-112*, *118-121*, 128, 132, 133, 136, 138, 139, *141-145*, 159, 162, 163
transaction, 89, 103
transdisciplinarité, 92, 106, 109, 114
transfert, 146, 154
transrégulation, 35
travailleur social, 104
troisième âge, 30
unicité, 114, 134
uniformisation, 71, 105
uniformité, 46
urgence, 8, 118, *131-138*, 164
vécu, 7, *11-13*, 18, 49, 50, 53, 60, 75, 76, 83, 88, 96, 103, 105, 107, 122, 124, 135, 137, 144, 145, 147, 161, 164
vieillesse, 8, 11, 24, *29-32*, *37-39*, 42, 63, 67, 68, 71, *73-75*, 99, 104, 114, 143, 144, 147, *155-158*, 162
vieillissement, 8, 11, 24, *29-39*, 42, 68, 71, 75, 76, 104, 113, 114, 125, 144, *156-158*, 162
violence, 151, 152
vocable, 17, 162
vocabulaire, 8, 12, 13, 17, 22, 37, 46, 53, 57, 76, 92, 93, 95, 102, 118, 130, 164

Table des matières

Avant-propos 7

Introduction 11

Chapitre 1
L'histoire immédiate et le langage 15

Chapitre 2
De quelques contraintes attachées au recueil de l'information
géropsychiatrique 21

Chapitre 3
Caractérisation du vieillissement et de la vieillesse et assignation
des attributs de phase, d'état et de processus 29

Chapitre 4
Acrotères de la pathologie mentale de l'âgé 41

Chapitre 5
Options du psychiatre de l'âgé vis-à-vis de la psychologie
pathologique, de la psychopathologie, de la pathopsychologie
et de la polypathologie 53

Chapitre 6
Les modèles d'édification de la psychiatrie gériatrique 57

Chapitre 7
Identification de la psychiatrie gériatrique 67

Chapitre 8
Objectifs de la psychiatrie gériatrique. Traitement et soin 77

Chapitre 9
La stratégie médicale en psychiatrie gériatrique 87

Chapitre 10
Influences des autres disciplines médicales sur l'émergence de la
psychiatrie gériatrique et de son vocabulaire spécifique 95

Chapitre 11
La spécification soignante et son impact sur la pratique
de la psychiatrie gériatrique 101

Chapitre 12
Pluri (ou multi-), inter-, intra-, trans- et supradisciplinarité 109

Chapitre 13
Le temps dans la pratique de la psychiatrie gériatrique 117

Chapitre 14
Intérêts respectifs des approches déficitaire et capacitaire
de la psychiatrie gériatrique dans la réalisation du programme
thérapeutique 121

Chapitre 15
Urgence psychiatrique et psychiatrisation d'urgence
dans l'âge avancé 131

Chapitre 16
De l'action à l'acte psychothérapeutique en psychiatrie gériatrique .. 139

Chapitre 17
Les pressions politiques, juridiques et administratives sur l'efficience
de l'acte médical en psychiatrie gériatrique 149

Chapitre 18
Psychogéragogie, orthopsychogéragogie et pédagogie médicale
en psychiatrie gériatrique 155

Conclusions 161

Bibliographie 169

Index des auteurs 175

Index terminologique 177

CHEZ LE MÊME ÉDITEUR

PSYCHOLOGIE ET SCIENCES HUMAINES
collection publiée sous la direction de MARC RICHELLE

1 Dr Paul Chauchard : LA MAITRISE DE SOI. *9ᵉ éd.*
7 Paul-A. Osterrieth : FAIRE DES ADULTES. *21ᵉ éd.*
9 Daniel Widlöcher : L'INTERPRETATION DES DESSINS D'ENFANTS. *13ᵉ éd.*
11 Berthe Reymond-Rivier : LE DEVELOPPEMENT SOCIAL DE L'ENFANT ET DE L'ADOLESCENT. *13ᵉ éd.*
22 H.T. Klinkhamer-Steketée : PSYCHOTHERAPIE PAR LE JEU. *4ᵉ éd.*
24 Marc Richelle : POURQUOI LES PSYCHOLOGUES? *6ᵉ éd.*
25 Lucien Israel : LE MEDECIN FACE AU MALADE. *5ᵉ éd.*
26 Francine Robaye-Geelen : L'ENFANT AU CERVEAU BLESSE. *2ᵉ éd.*
27 B.F. Skinner : LA REVOLUTION SCIENTIFIQUE DE L'ENSEIGNEMENT. *3ᵉ éd.*
29 J.C. Ruwet : ETHOLOGIE : BIOLOGIE DU COMPORTEMENT. *3ᵉ éd.*
38 B.-F. Skinner : L'ANALYSE EXPERIMENTALE DU COMPORTEMENT. *2ᵉ éd.*
40 R. Droz et M. Rahmy : LIRE PIAGET. *7ᵉ éd.*
42 Denis Szabo, Denis Gagné, Alice Parizeau : L'ADOLESCENT ET LA SOCIETE. *2ᵉ éd.*
43 Pierre Oléron : LANGAGE ET DEVELOPPEMENT MENTAL. *2ᵉ éd.*
45 Gertrud L. Wyatt : LA RELATION MERE-ENFANT ET L'ACQUISITION DU LANGAGE. *2ᵉ éd.*
49 T. Ayllon et N. Azrin : TRAITEMENT COMPORTEMENTAL EN INSTITUTION PSYCHIATRIQUE
52 G. Kellens : BANQUEROUTE ET BANQUEROUTIERS
55 Alain Lieury : LA MEMOIRE
58 Jean-Marie Paisse : L'UNIVERS SYMBOLIQUE DE L'ENFANT ARRIERE MENTAL
59 Jacques Van Rillaer : L'AGRESSIVITE HUMAINE
61 Jérôme Kagan : COMPRENDRE L'ENFANT
62 Michel S. Gazzaniga : LE CERVEAU DEDOUBLE
64 X. Seron, J.L. Lambert, M. Van der Linden : LA MODIFICATION DU COMPORTEMENT
65 W. Huber : INTRODUCTION A LA PSYCHOLOGIE DE LA PERSONNALITE. *7ᵉ éd.*
66 Emile Meurice : PSYCHIATRIE ET VIE SOCIALE
67 J. Château, H. Gratiot-Alphandéry, R. Doron et P. Cazayus : LES GRANDES PSYCHOLOGIES MODERNES
68 P. Sifnéos : PSYCHOTHERAPIE BREVE ET CRISE EMOTIONNELLE
69 Marc Richelle : B.F. SKINNER OU LE PERIL BEHAVIORISTE
70 J.P. Bronckart : THEORIES DU LANGAGE
71 Anika Lemaire : JACQUES LACAN. *8ᵉ éd. revue et augmentée.*
72 J.L. Lambert : INTRODUCTION A L'ARRIERATION MENTALE
73 T.G.R. Bower : DEVELOPPEMENT PSYCHOLOGIQUE DE LA PREMIERE ENFANCE. *4ᵉ éd.*
74 J. Rondal : LANGAGE ET EDUCATION
75 Sheila Kitzinger : PREPARER A L'ACCOUCHEMENT
76 Ovide Fontaine : INTRODUCTION AUX THERAPIES COMPORTEMENTALES
77 Jacques-Philippe Leyens : PSYCHOLOGIE SOCIALE. *nouvelle édition 1997*
78 Jean Rondal : VOTRE ENFANT APPREND A PARLER *3ᵉ éd.*
79 Michel Legrand : LE TEST DE SZONDI
80 H.J. Eysenck : LA NEVROSE ET VOUS
81 Albert Demaret : ETHOLOGIE ET PSYCHIATRIE
82 Jean-Luc Lambert et Jean A. Rondal : LE MONGOLISME. *4ᵉ éd.*
83 Albert Bandura : L'APPRENTISSAGE SOCIAL
84 Xavier Seron : APHASIE ET NEUROPSYCHOLOGIE
85 Roger Rondeau : LES GROUPES EN CRISE?

86 J. Danset-Léger : L'ENFANT ET LES IMAGES DE LA LITTERATURE ENFANTINE
87 Herbert S. Terrace : NIM. UN CHIMPANZE QUI A APPRIS LE LANGAGE GESTUEL
88 Roger Gilbert : BON POUR ENSEIGNER?
89 Wing, Cooper et Sartorius : GUIDE POUR UN EXAMEN PSYCHIATRIQUE
90 Jean Costermans : PSYCHOLOGIE DU LANGAGE
91 Françoise Macar : LE TEMPS, PERSPECTIVES PSYCHOPHYSIOLOGIQUES
92 Jacques Van Rillaer : LES ILLUSIONS DE LA PSYCHANALYSE. 4ᵉ éd.
93 Alain Lieury : LES PROCEDES MNEMOTECHNIQUES
94 Georges Thinès : PHENOMENOLOGIE ET SCIENCE DU COMPORTEMENT
95 Rudolph Schaffer : COMPORTEMENT MATERNEL
96 Daniel Stern : MERE ET ENFANT, LES PREMIERES RELATIONS. 3ᵉ éd.
97 R. Kempe & C. Kempe : L'ENFANCE TORTUREE
98 Jean-Luc Lambert : ENSEIGNEMENT SPECIAL ET HANDICAP MENTAL
99 Jean Morval : INTRODUCTION A LA PSYCHOLOGIE DE L'ENVIRONNEMENT
100 Pierre Oleron et al. : SAVOIRS ET SAVOIR-FAIRE PSYCHOLOGIQUES CHEZ L'ENFANT
101 Bernard I. Murstein : STYLES DE VIE INTIME
102 Rondal/Lambert/Chipman : PSYCHOLINGUISTIQUE ET HANDICAP MENTAL
103 Brédart/Rondal : L'ANALYSE DU LANGAGE CHEZ L'ENFANT. 2ᵉ éd.
104 David Malan : PSYCHODYNAMIQUE ET PSYCHOTHERAPIE INDIVIDUELLE
105 Philippe Muller : WAGNER PAR SES REVES
106 John Eccles : LE MYSTERE HUMAIN
107 Xavier Seron : REEDUQUER LE CERVEAU
108 Moreau/Richelle : L'ACQUISITION DU LANGAGE. 5ᵉ éd.
109 Georges Nizard : ANALYSE TRANSACTIONNELLE ET SOIN INFIRMIER
110 Howard Gardner : GRIBOUILLAGES ET DESSINS D'ENFANTS, LEUR SIGNIFICATION. 3ᵉ éd.
111 Wilson/Otto : LA FEMME MODERNE ET L'ALCOOL
112 Edwards : DESSINER GRACE AU CERVEAU DROIT. 9ᵉ éd.
113 Rondal : L'INTERACTION ADULTE-ENFANT
114 Blancheteau : L'APPRENTISSAGE CHEZ L'ANIMAL
115 Boutin : FORMATION ET DEVELOPPEMENTS
116 Húsen : L'ECOLE EN QUESTION
117 Ferrero/Besse : L'ENFANT ET SES COMPLEXES
118 R. Bruyer : LE VISAGE ET L'EXPRESSION FACIALE
119 J.P. Leyens : SOMMES-NOUS TOUS DES PSYCHOLOGUES?
120 J. Château : L'INTELLIGENCE OU LES INTELLIGENCES?
121 M. Claes : L'EXPERIENCE ADOLESCENTE
122 J. Hayes et P. Nutman : COMPRENDRE LES CHOMEURS
123 S. Sturdivant : LES FEMMES ET LA PSYCHOTHERAPIE
124 A. Pomerleau et G. Malcuit : L'ENFANT ET SON ENVIRONNEMENT
125 A. Van Hout et X. Seron : L'APHASIE DE L'ENFANT
126 A. Vergote : RELIGION, FOI, INCROYANCE
127 Sivadon/Fernandez-Zoïla : TEMPS DE TRAVAIL, TEMPS DE VIVRE
128 Born : JEUNES DEVIANTS OU DELINQUANTS JUVENILES?
129 Hamers/Blanc : BILINGUALITE ET BILINGUISME
130 Legrand : PSYCHANALYSE, SCIENCE, SOCIETE
131 Le Camus : PRATIQUES PSYCHOMOTRICES
132 Lars Fredén : ASPECTS PSYCHOSOCIAUX DE LA DEPRESSION
133 Mount : LA FAMILLE SUBVERSIVE
134 Magerotte : MANUEL D'EDUCATION COMPORTEMENTALE CLINIQUE
135 Dailly/Moscato : LATERALISATION ET LATERALITE CHEZ L'ENFANT
136 Bonnet/Tamine-Gardes : QUAND L'ENFANT PARLE DU LANGAGE
137 Bruyer : LES SCIENCES HUMAINES ET LES DROITS DE L'HOMME
138 Taulelle : L'ENFANT A LA RENCONTRE DU LANGAGE

139 de Boucaud : PSYCHOLOGIE DE L'ENFANT ASTHMATIQUE
140 Duruz : NARCISSE EN QUETE DE SOI
141 Feyereisen/de Lannoy : PSYCHOLOGIE DU GESTE
142 Florin *et al.* : LE LANGAGE A L'ECOLE MATERNELLE
143 Debuyst : MODELE ETHOLOGIQUE ET CRIMINOLOGIE
144 Ashton/Stepney : FUMER
145 Winkel *et al.* : L'IMAGE DE LA FEMME DANS LES LIVRES SCOLAIRES
146 Bideau/Richelle : PSYCHOLOGIE DEVELOPPEMENTALE
147 Schmid-Kitsikis : THEORIE CLINIQUE ET FONCTIONNEMENT MENTAL
148 Guggenbühl/Craig : POUVOIR ET RELATION D'AIDE
149 Rondal : LANGAGE ET COMMUNICATION CHEZ LES HANDICAPES MENTAUX
150 Moscato *et al.* : FONCTIONNEMENT COGNITIF ET INDIVIDUALITE
151 Château : L'HUMANISATION OU LES PREMIERS PAS DES VALEURS HUMAINES
152 Avery/Litwack : NEE TROP TOT
153 Rondal : LE DEVELOPPEMENT DU LANGAGE CHEZ L'ENFANT TRISOMIQUE 21
154 Kellens : QU'AS-TU FAIT DE TON FRERE?
155 Rondal/Henrot : LE LANGAGE DES SIGNES. 2e éd.
156 Lafontaine : LE PARTI PRIS DES MOTS
157 Bonnet/Hoc/Tiberghien : AUTOMATIQUE, INTELLIGENCE ARTIFICIELLE ET PSYCHOLOGIE
158 Giovannini *et al.* : PSYCHOLOGIE ET SANTE
159 Wilmotte *et al.* : LE SUICIDE
160 Giurgea : L'HERITAGE DE PAVLOV
161 Ionescu : MANUEL D'INTERVENTION EN DEFICIENCE MENTALE N° 1
162 Ionescu : MANUEL D'INTERVENTION EN DEFICIENCE MENTALE N° 2
163 Pieraut-Le Bonniec : CONNAITRE ET LE DIRE
164 Huber : PSYCHOLOGIE CLINIQUE AUJOURD'HUI
165 Rondal *et al.* : PROBLEMES DE PSYCHOLINGUISTIQUE
166 Slukin : LE LIEN MATERNEL
167 Baudour : L'AMOUR CONDAMNE
168 Wilwerth : VISAGES DE LA LITTERATURE FEMININE
169 Edwards : VISION, DESSIN, CREATIVITE. 3e éd.
170 Lutte : LIBERER L'ADOLESCENCE
171 Defays : L'ESPRIT EN FRICHE
172 Broome Walace : PSYCHOLOGIE ET PROBLEMES GYNECOLOGIQUES
173 Aimard : LES BEBES DE L'HUMOUR
174 Perruchet : LES AUTOMATISMES COGNITIFS
175 Bawin-Legros : FAMILLES, MARIAGE, DIVORCE
176 Pourtois/Desmet : EPISTEMOLOGIE ET INSTRUMENTATION EN SCIENCES HUMAINES. 2e éd.
177 Sloboda : L'ESPRIT MUSICIEN
178 Fraisse : POUR LA PSYCHOLOGIE SCIENTIFIQUE
179 Ruffiot : PSYCHOLOGIE DU SIDA
180 McAdams/Deliège : LA MUSIQUE ET LES SCIENCES COGNITIVES
181 Argentin : QUAND FAIRE C'EST DIRE...
182 Van der Linden : LES TROUBLES DE LA MEMOIRE
183 Lecuyer : BEBES ASTRONOMES, BEBES PSYCHOLOGUES : L'INTELLIGENCE DE LA 1re ANNEE
184 Immelmann : DICTIONNAIRE DE L'ETHOLOGIE
185 Collectif : ACTEUR SOCIAL ET DELINQUANCE
186 Fontana : GERER LE STRESS
187 Bouchard : DE LA PHENOMENOLOGIE A LA PSYCHANALYSE
188 Chanceaulme : MOURIR, ULTIME TENDRESSE
189 Rivière : LA PSYCHOLOGIE DE VYGOTSKY
190 Lecoq : APPRENTISSAGE DE LA LECTURE ET DYSLEXIE

191 de Montmolin/Amalberti/Theureau : MODELES DE L'ANALYSE DU TRAVAIL
192 Minary : MODELES SYSTEMIQUES ET PSYCHOLOGIE
193 Grégoire : EVALUER L'INTELLIGENCE DE L'ENFANT
194 Gommers/van den Bosch/de Aguilar : POUR UNE VIEILLESSE AUTONOME
195 Van Rillaer : LA GESTION DE SOI
196 Lecas : L'ATTENTION VISUELLE
197 Macquet : TOXICOMANIES ET FORMES DE LA VIE QUOTIDIENNE
198 Giurgea : LE VIEILLISSEMENT CEREBRAL
199 Pillon : LA MEMOIRE DES MOTS
200 Pouthas/Jouen : LES COMPORTEMENTS DU BEBE : EXPRESSION DE SON SAVOIR ?
201 Montangero/Maurice-Naville : PIAGET OU L'INTELLIGENCE EN MARCHE
202 Colin A. Epsie : LE TRAITEMENT PSYCHOLOGIQUE DE L'INSOMNIE
203 Samalin-Amboise : VIVRE A DEUX
204 Bourhis/Leyens : STEREOTYPES, DISCRIMINATION ET RELATIONS INTERGROUPES
205 Feltz/Lambert : ENTRE LE CORPS ET L'ESPRIT
206 Francès : MOTIVATION ET EFFICIENCE AU TRAVAIL
207 Houziaux : EDUCATION DU PATIENT ET ORDINATEUR
208 Roques : SORTIR DU CHOMAGE
209 Bléandonu : L'ANALYSE DES REVES ET LE REGARD MENTAL
210 Born/Delville/Mercier/Snad/Beeckmans : LES ABUS SEXUELS D'ENFANTS
211 Siguan : L'EUROPE DES LANGUES
212 de Bonis : CONNAITRE LES EMOTIONS HUMAINES
213 Retschitzki/Gurtner : L'ENFANT ET L'ORDINATEUR
214 Leyens/Yzerbyt/Schadron : STEREOTYPES ET COGNITION SOCIALE
215 Tiberghien : LA MEMOIRE OUBLIEE
216 Wynants : L'ORTHOGRAPHE, UNE NORME SOCIALE
217 Rondal : L'EVALUATION DU LANGAGE
218 Moreau : SOCIOLINGUISTIQUE, CONCEPTS DE BASE
219 Rouquette : LA CHASSE À L'IMMIGRÉ
220 Grubar/Duyme/Cote et al. : LA PRÉCOCITÉ INTELLECTUELLE DE LA MYTHOLOGIE À LA GÉNÉTIQUE. 2e éd.
221 Pomini et al. : THÉRAPIE PSYCHOLOGIQUE DES SCHIZOPHRÉNIES
222 Houdé et al. : DESCARTES ET SON ŒUVRE AUJOURD'HUI
223 Richelle : DÉFENSE DES SCIENCES HUMAINES
224 Leclercq : POUR UNE PÉDAGOGIE UNIVERSITAIRE DE QUALITÉ
225 Gillis : L'AUTISME ATTRAPÉ PAR LE CORPS
226 Pithon : LES TENDANCES ACTUELLES DE L'INTERVENTION PRÉCOCE EN EUROPE
227 Montangero : RÊVE ET COGNITION
228 Stern : LA FICTION PSYCHANALYTIQUE
229 Grégoire : L'ÉVALUATION CLINIQUE DE L'INTELLIGENCE DE L'ENFANT
230 Otte : LES ORIGINES DE LA PENSÉE
231 Rondal : LE LANGAGE : DE L'ANIMAL AUX ORIGINES DU LANGAGE HUMAIN
232 Gauthier : POUVOIR ET LIBERTÉ EN POLITIQUE - ACTUALITÉ DE SPINOZA
233 Zazzo : UNE MÉMOIRE POUR DEUX

Manuels et Traités

Droz-Richelle : MANUEL DE PSYCHOLOGIE. 5e éd.
Rondal-Esperet : MANUEL DE PSYCHOLOGIE DE L'ENFANT. *Nlle éd.*
Rondal-Seron : LES TROUBLES DU LANGAGE. *Nlle éd.*
Fontaine-Cottraux-Ladouceur : CLINIQUES DE THERAPIE COMPORTEMENTALE. 2e éd.
Godefroid : LES CHEMINS DE LA PSYCHOLOGIE. 2e éd.
Seron-Jeannerod : NEUROPSYCHOLOGIE HUMAINE. 2e éd.